Les Éditions du Boréal
4447, rue Saint-Denis
Montréal (Québec) H2J 2L2
www.editionsboreal.qc.ca

TABLE RASE

DU MÊME AUTEUR

Le Collier d'Hurracan, roman, Quinze, 1990 ; Boréal, coll. « Boréal compact », 2004.

Guanahani, roman, Boréal, 1992.

Louis Lefebvre

TABLE RASE

roman

Boréal

Les Éditions du Boréal remercient le Conseil des Arts du Canada
ainsi que le ministère du Patrimoine canadien et la SODEC
pour leur soutien financier.

Les Éditions du Boréal bénéficient également du Programme
de crédit d'impôt pour l'édition de livres du gouvernement du Québec.

Dépôt légal : 1er trimestre 2004
Bibliothèque nationale du Québec

Diffusion au Canada : Dimedia
Diffusion et distribution en Europe : Les Éditions du Seuil

Données de catalogage avant publication (Canada)

Lefebvre, Louis, 1950-

Table rase

ISBN 2-7646-0290-1

I. Titre.

PS8573.E414T32 2004 C843'.54 C2003-942223-2

PS9573.E414T32 2004

à mes deux Marcel

Il avait fallu qu'elle soit là, au bord de la route à faire du pouce, au moment précis où il s'était mis à douter. Marc-André avait loué une voiture la veille, était parti pour l'île d'Orléans et avait fait le tour de toutes les églises, des vieilles fermes et des croix de chemin. Il avait apporté ses CD préférés pour l'ambiance, ses guides des maisons et des instruments aratoires de la Nouvelle-France, il avait repéré la terre de ses ancêtres en comparant les vieilles cartes avec celle du ministère des Mines, échelle de 1/50 000, quadrillage universel transverse de Mercator, chaque petite maison en carré noir sur fond vert au milieu des sinuosités brunâtres du relief.

Rien. Pas la plus petite idée n'avait surgi sur le livre qu'il voulait écrire, aucune image, aucune phrase. Il avait beau marcher dans les champs, respirer le mélange d'algues et de glaise mouillée que portait le vent, fermer les yeux en écoutant les corneilles, s'appuyer sur des troncs d'arbres qui semblaient assez vieux pour avoir connu le temps de son livre, rien ne venait.

Elle n'était pas spécialement jolie, mais une fille seule qui fait du pouce sur une route de campagne appelle tout de suite les fantasmes. Pour lui, ce serait celui du chevalier. Il s'arrêterait pour prendre la fille, il la sauverait du violeur qui ne manquerait pas de passer après lui s'il ne l'embarquait pas dans sa voiture. Quand la fille se pencha vers sa vitre baissée, il fit tout pour ne pas regarder dans l'échancrure du chandail. « Québec ? », demanda-t-elle, et, avec un mélange de gêne et d'indifférence, il arrêta le CD et répondit « Oui », comme s'il ne faisait que passer par là et n'avait pas prévu de rester jusqu'au soir à sillonner les routes de l'île.

La fille se mit aussitôt à parler du temps qu'il faisait, des travaux sur le pont de l'île, des trous dans la route, du soleil aveuglant de fin d'après-midi, par nervosité sans doute et pour le faire parler, lui, et jauger au timbre de sa voix si elle devait se méfier. À quoi les filles savaient-elles reconnaître les violeurs, c'était un mystère qu'il ne souhaitait pas percer, au cas où l'angoisse de l'écrivain bloqué ferait partie des signes. De toute façon, pensa-t-il, le détecteur de violeurs était loin d'être au point, si l'on en jugeait par le nombre de filles qui se retrouvaient mortes dans des fossés.

Tôt ou tard allait venir la question de ce qu'il faisait dans l'île. La fille avait tout de suite compris à son accent qu'il n'était pas du coin. Ce n'était pas encore la saison des touristes, tous ces gens qui se croyaient dans une chanson de Félix et qui recherchaient ici une pureté qu'ils venaient tuer, après avoir tué celle de l'île aux Coudres. Quelle image chercherait-il à donner à la fille ? Celle d'un homme profond et sûr de lui, un futur Hemingway en repérage, un artiste à la vie aussi fascinante que son œuvre ? Ou un rien du tout qui essayait d'écrire depuis des années et n'y arrivait pas ?

Il dirait qu'il se promenait, voilà tout. En plein printemps, avec le vent froid qui faisait peur aux visiteurs. Il n'aimait pas les foules, il en avait bien le droit. C'était le seul moment de l'année où son patron lui laissait prendre ses vacances, dirait-il. La caméra vidéo sur le siège arrière pouvait appartenir à n'importe quel touriste. Des milliers de bandes dormaient ainsi sur des sièges arrière partout dans le monde après avoir filmé des montagnes, des chutes d'eau, des couchers de soleil, des enfants qui riaient, des femmes qui envoyaient timidement la main.

Il n'avait pas de femme, lui, ni d'enfants. Il s'était toujours ménagé une liberté qui lui permettrait un jour de tout quitter, mettant de côté le plus d'argent possible. Avec les années, il commençait à soupçonner que c'était la pingrerie des économies qui l'intéressait vraiment, ou alors l'idée de ne vivre que pour ce jour mythique de la libération qui excusait les manquements du présent. En tout cas, ce n'était pas le style de vie de l'artiste qui l'attirait. Il détestait les bars, les lancements, les couloirs vides du Belgo, les lunettes à monture épaisse, les pantalons noirs trop serrés. Il lisait, c'était tout. Et il n'écrivait pas.

« Comme ça, tu te promènes sur l'île ? » La question était posée. La fille avait épuisé tous les sujets faciles pour briser le silence.

« Oui, je travaille sur un roman et je fais le tour des paysages, pour l'ambiance, pour les détails », s'était-il entendu dire, étonné.

« Cool ! Tu vas-tu me mettre dans ton livre ? » avait dit la fille en éclatant de rire. Elle avait de petites pattes-d'oie qui rayonnaient de ses yeux, surprenantes chez une fille de son âge, et qui semblaient venir d'une tension du visage plutôt que du temps, avec des coins de bouche qui figeaient le rire comme pour l'empêcher de se répandre trop loin. « Sérieux, il parle de quoi, ton livre ? »

Gêné, il ne répondit pas. Si un roman pouvait se raconter comme ça, en quelques mots, pensa-t-il, à quoi bon prendre deux cents pages pour l'écrire ? Il n'arrivait pas à comprendre les entrevues d'artistes ou d'écrivains, qui semblaient tous devenir journalistes ou sociologues devant les micros : « Mes tableaux décrivent la difficulté à appréhender un monde multiforme. » Chaque fois, il fermait la radio, exaspéré. « Mes tableaux décrivent comment du bleu à demi-lumineux peut côtoyer du jaune sale en évitant le milieu de la toile, qui est plein de dangers. » Voilà ce qu'il rêvait d'entendre, des mots qui ne disaient rien de plus que le travail lui-même.

« Mon livre, il parle d'un gars qui rêve de tout recommencer, finit-il par dire. Il parle d'un grand voyage et d'une vie ratée, qui finit toute petite alors que le gars s'imaginait vivre des histoires grandioses. » Incompréhensible comme explication, pensa-t-il. Aussi confus et ampoulé que les entrevues à la radio. Il regarda la fille pour vérifier. Elle tourna la tête vers le paysage qui défilait au-delà de la vitre. Les arbres n'avaient pas encore sorti leurs bourgeons. L'île avait trois bonnes semaines de retard sur Montréal, où les petites fleurs vertes au bout des branches avaient déjà commencé à le faire éternuer.

« C'est toute ton histoire, ça ? Il y a pas des scènes d'amour, dit la fille, des meurtres, des levers de soleil, je sais pas moi, des danses avec des belles robes, des courses de chars, des gens qui se sauvent ? » Cette fille est meilleure que moi pour parler des livres, pensa-t-il.

« Ben, à la première page, il y a des chiens qui jappent et un gars qui a peur. Il marche depuis trois jours, il a faim, il n'est pas sûr qu'avec son gros bâton il va pouvoir se défendre si les chiens lui courent après. Il fait noir, c'est le milieu de la nuit. Quand un chien se met à japper à la campagne, tous les autres s'y mettent eux aussi. »

« Ça, c'est vrai ! Des fois, ça me réveille. Nous, on a p'us de chien depuis que le colley de ma mère s'est fait frapper par un camion. Il s'appelait Lhassa. Ma mère avait vu un programme à la TV sur des moines bouddhistes. Elle trouvait que ça faisait comme Lassie, mais plus chic. »

« Mon histoire se passe en 1700 », dit-il. La fille avait l'air déçue. Ah, c'est pour ça que tu es ici, allait-elle penser. Comme tous les touristes qui s'imaginent qu'on vit en pleine Nouvelle-France, dans l'île.

« Ça ferait un beau film avec des costumes, alors », dit-elle, conciliante. Elle fixait le pare-brise. Au loin, on voyait déjà le pont. Dans dix minutes, ils allaient quitter l'île et rejoindre Québec par la bretelle qui longeait les chutes Montmorency. La fille ne parlait plus, lui non plus. La vue du pont annonçait le chapitre suivant de leur histoire, qui serait fait de silence, de radio allumée pour dissiper le malaise, d'autoroute, puis d'un au revoir faussement enjoué aux portes de la ville. Il s'étonna que la fille et lui aient parlé d'autre chose que des habituels sujets de pouceux, des beautés de la destination, du temps passé à attendre le long de la route, des mésaventures du chauffeur à l'époque où il faisait lui-même du pouce. La seule fois où cela lui était arrivé, c'était en Gaspésie. Il pleuvait. Le chauffeur était intéressant mais saoul. À chaque virage, il était persuadé qu'ils tomberaient dans le fleuve. En entrant à Mont-Saint-Pierre, il avait demandé à débarquer. Le chauffeur s'était penché vers lui avec un sourire. « Tu sais, ça fait vingt ans que je conduis comme ça et il est jamais rien arrivé. Je sais que c'est pour ça que tu descends ici au lieu de Percé, mais c'est à jeûn que la route est dangereuse, parce que t'as peur tout le temps, pis tes réflexes sont crampés. C'est vrai pour tout le reste d'ailleurs, tu devrais prendre les choses plus aisé », avait dit l'homme dans un grand rire, en faisant crisser les pneus de la vieille Pontiac.

« Le manoir à Mauvide, c'est beau pour les scènes de costumes, dit la fille. Tu l'as-tu visité ? » C'était une des premières choses qu'il était allé voir dans l'île. La maison Mauvide-Genest était dans tous les guides. Il avait trouvé le mot « manoir » un peu excessif, mais c'était quand même une belle maison, élégante dans ses proportions, avec cette façon de s'ancrer dans le sol qu'il admirait dans les palais italiens et aimait revoir dans la cour intérieure du séminaire chaque fois qu'il passait à Québec, avec la forme parfaite des trois marches et du cadran solaire, encadré par la porte cochère.

Il mentit. « Non. »

« Ça vaut la peine. La prochaine fois que tu passes sur l'île, manque pas ça. » Elle se remit à regarder devant elle, les taches de mouches sur le pare-brise ou le paysage au-delà, cela n'avait pas d'importance, le tout était de regarder devant. Elle leva les jambes et installa ses bottes contre le coffre à gants. « Ça te dérange pas ? »

« C'est un char loué, le ménage est inclus dans le prix. »

« T'as pas de char à toi ? » Elle semblait incrédule, comme si un homme de son âge sans voiture faisait pitié.

« Non, j'habite au centre-ville, à Montréal, et je déteste les voitures. C'est plus de trouble qu'autre chose. J'en ai pas besoin, sauf pour me promener de temps en temps, et alors c'est plus simple de louer. » Moins cher aussi, pensa-t-il, cela me permet d'ajouter des pièces d'or dans le coffre secret de ma libération.

« Pour la ville, c'est pas fou, t'as les autobus, mais à la campagne, c'est pas possible, tout est trop loin. Moi, dès que j'ai un peu d'argent, je m'achète une minoune, n'importe quoi pourvu que ça roule et que ça me fasse sortir d'ici. »

« Tu travailles ou t'études ? »

« Ni l'un ni l'autre. J'aide mon père à la ferme, d'ici à ce que je puisse sacrer mon camp. »

« C'est beau pourtant, la campagne. Tous les freaks rêvaient de s'y installer. Tous les petits docteurs maintenant, et les avocats et les professeurs, ils ont leur fermette de dix acres avec trois lapins. Même les écrivains… »

« Ben tu sauras que c'est pas mal plate des fois, la campagne. Les vaches, c'est pas jasant jasant. Puis le vent, j'suis plus capable de l'entendre. Sur une île au milieu du fleuve, il souffle tout le temps. Il rentre partout, entre les craques des planches, les joints des fenêtres, les plis des foulards. Des fois, j'en peux p'us ! Si tu connais une place au Québec où il y a jamais de vent, dis-moi-le, je déménage tout de suite ! »

Le vent. Il l'aimait bien, le vent. Parfois, il lui semblait que l'air était mort et lui aussi, et tout à coup soufflait une brise qui le rassurait, lui rappelait que le monde était encore vivant et respirait. Il avait pensé mettre le vent dans son roman, il l'y avait déjà mis en fait, à la page 5, la dernière qu'il avait réussi à écrire. C'était peut-être cela qui l'avait bloqué. Il fallait toujours chercher le dernier détail pour comprendre ce qui avait mené au ratage. Quoiqu'avec son ex, Geneviève, la série des petits gestes qui avaient annoncé la fin remontait au-delà de tout souvenir.

« Si tu veux, dit-elle, je suis pas pressée, je rencontre un ami à dix heures au Barbar, sur la rue Saint-Jean. Je peux te montrer le manoir à Mauvide, je suis sûre que ça va t'inspirer. Tourne à gauche, là, tout de suite, sinon on s'en va droit sur la route du pont, puis après ça, tu peux pas revenir en arrière avant Beauport. »

Il obéit. La voiture derrière lui klaxonna, longuement, agressivement. Il avait viré brusquement, sans mettre son clignotant. C'étaient des Américains, du genre qui conduisait à quatre-vingt-sept kilomètres-heure à gauche sur l'autoroute, branché sur une station de radio western au volume trop fort. « *I'm with Jesus* », disait la plaque de devant.

« Ben justement, Djizusse, crisse-nous patience, le bloke ! » La fille avait baissé sa vitre et montré son majeur aux Américains. « Un autre qui remplit son char de petits canards en bois et de vieilles robes de baptême en dentelle. J't'assez contente qu'il y ait des gens comme mon cousin qui les fourrent en fabriquant des fausses antiquités. » Elle rit, se pencha plus loin par la vitre. « *Antique, Mister ? My finger is very old, real New France* garanti ! Tu dois me trouver baveuse, un peu ? » dit-elle en se calant sur le siège, les coins des lèvres gênés, mais les yeux pétillants de contentement.

« Ben, c'était un bon show, en tout cas. »

« Tu mettras ça dans ton roman, tiens ! » En riant, elle se pencha vers la chaîne stéréo de la voiture. « Cool, de la musique ! » Un tourbillon de violons s'éleva des haut-parleurs, montant et descendant comme des oiseaux pris dans un courant d'air, rythmé par des coups donnés sur les cordes nues d'un piano. « Ouache, c'est quoi, ça ? ? ! ! » dit la fille en arrêtant le

CD. Il rougit. C'était sa musique préférée, que personne autour de lui ne pouvait supporter. Arvo Pärt, fut-il tenté d'expliquer, un Estonien, mais il haussa les épaules.

« Ehhhh, j'peux-tu mettre de la *vraie* musique sur la radio ? » dit-elle avec une grimace diplomate. Elle tourna le bouton, puis s'arrêta sur un poste qui jouait *Stairway to Heaven*, qu'elle mit à tue-tête en imitant la guitare montante qui ouvrait la troisième partie. « *Wooo, rock-and-roll never dies !* » dit-elle en rythmant de mouvements de la tête chaque coup de batterie entre les plaintes du chanteur. « Ça te dérange pas, j'espère », mais elle avait fermé les yeux et ne semblait pas vraiment s'intéresser à son opinion.

Habiter ainsi l'espace, avec assurance et même effronterie, sans se poser de questions, voilà quelque chose qu'il n'avait jamais su faire. Il lui semblait qu'il y avait partout des règles secrètes qu'il devait deviner, un manuel perdu de bienséance qui expliquait précisément, comme dans son enfance, toutes les fois où il fallait passer du « tu » au « vous ». Pour lui le monde n'était pas une propriété communautaire, mais un endroit truffé de petites pancartes jaune et noir, la plupart invisibles et qu'il fallait apprendre à détecter. « Sentiment privé », « *No self-doubt on this lawn* », « Défense d'être seul sans télé », « Réservé aux extravertis ».

« Y a rien qui bat les Stones », dit-elle en ouvrant les yeux.

« Je pense que c'était Led Zeppelin… »

« Les Stones, Led Zeppelin, Jethro Tull, c'est toute du pareil au même ! I' en font p'us du bon comme ça ! Mon chum et moi, on écoute toujours du rock rétro. CKMP, c'est vraiment le meilleur poste. »

Voilà, le mot magique était dit, « mon chum ». Il adorait ce moment. Parfois, cela le prenait par surprise, mais la plupart du temps, il le voyait venir longtemps d'avance. C'était douloureux et réconfortant à la fois, un obstacle que les filles posaient entre elles et les hommes, mais qui confirmait que la petite excitation qu'on ressentait depuis quelques minutes était réelle. Il y avait bien une étincelle ou tout au moins une ambiguïté, au pire un agacement de la fille au moment où elle se rendait compte qu'elle plaisait. C'était déjà beaucoup, pensait-il, dans un monde où l'on devait faire semblant que ces choses-là ne se passaient pas. Je suis honoré que vous ayez senti le besoin de mettre votre chum entre nous, pensa-t-il en s'inclinant en imagination devant la fille, balayant l'air d'un invisible chapeau.

Il y eut un long silence. Il fallait attendre, pensa-t-il en habitué de la situation. La fille aussi avait senti l'effet du mot magique. C'était à elle de décider de la suite, de se rapprocher de lui ou de l'éloigner encore plus, selon la prochaine phrase qui sortirait de sa bouche.

La fille se tut jusqu'au manoir Mauvide-Genest. Une pluie très fine s'était mise à tomber, qui allait rendre la promenade désagréable, mais au moins, pensa-t-il, il n'y avait pas de vent. Il gara la voiture et regarda la fille, conscient qu'ils ne se connaissaient pas assez pour rester dans une voiture ensemble sous la pluie. C'était une chose d'amoureux, ça, la pluie et les voitures, la nuit aussi. Curieux quand même qu'une cage de métal soit si fortement liée au sexe et aux sentiments doux, pensa-t-il. Que faisaient les gens avant ? Dans une carriole peut-être, on sentait la même intimité, mais à dos de cheval, sûrement pas. Était-ce une émotion qui était née avec son décor, comme les voix, le soir, qui étaient devenues plus fortes avec l'invention de l'électricité et qui ne redevenaient douces que quelques minutes par année pendant une panne, autour d'une chandelle ?

La fille sortit de la voiture et souleva sa veste de jeans au-dessus de sa tête pour ne pas mouiller ses cheveux. Ils étaient longs, d'une belle couleur châtain, avec des reflets de whisky et même des éclats de glaçon et de verre de cristal dans la lumière fade de fin d'après-midi. Elle savait que ses cheveux étaient beaux et que la pluie allait les plaquer en mèches molles à l'éclat terni. Tiens, pensa-t-il, la coquetterie des cheveux, c'est toujours bon signe. Quoique cela devait être pour ce chum qu'elle allait rejoindre.

« L'été, on peut visiter l'intérieur, dit la fille, mais là, c'est fermé. » Elle le mena vers l'arrière du bâtiment. « Quand j'étais petite, le manoir était abandonné. Ils l'ont rénové quand l'île a commencé à devenir populaire. Il y avait une vitre cassée, là, au deuxième étage. On allait chercher une vieille échelle en bois toute branlante dans la grange qui était là-bas. Ils l'ont jetée à terre, la grange, quand ils ont rénové. Il doit y avoir une brasserie à Montréal ou un chalet qui a les poutres maintenant, des beams comme ça », fit-elle en ouvrant les mains. Elle avait de longs doigts fins aux ongles peints couleur perle, qu'il ne pouvait imaginer sur un pis de vache. Niaiseux, pensa-t-il, c'est tout mécanisé aujourd'hui, on n'a qu'à brancher les aspirateurs à lait. Quand même, elle avait de belles mains…

Ses amis riaient de lui. Ils parlaient de seins, de fesses, mais lui, de clavicules, d'épaules et de doigts fins. Bien sûr, il ne détournait pas les yeux des seins, mais il ne trouvait rien de plus beau que la courbe délicate des clavicules sous la rondeur douce des épaules, surtout si celles-ci étaient étroites. Si faciles à casser, pensait-il, à serrer dans ses bras jusqu'à ce que les os craquent.

La fille le fixait. Pendant cinq ou dix secondes, quelquefois, il avait l'impression de ne plus être là. Ses amis faisaient exprès alors de terminer leurs phrases par des choses absurdes, « fait que c'est là que la voiture a capoté et pris en feu », pour rire ensuite de son air étonné quand il rétablissait le contact. Une vie intérieure trop riche, se disait-il dans ses moments optimistes, de celle qui fait les artistes. Ou les épileptiques et les fous.

La fille s'éloigna. « On mettait l'échelle là, puis on rentrait par la fenêtre. Il y avait plein de meubles anciens, des poupées, de la vaisselle, de la poussière partout. On aurait dit que les gens étaient partis d'un coup, sans rien paqueter, ou qu'ils étaient tous morts ensemble, sans voir venir la fin, comme dans la ville romaine, tu sais, où ils y sont tous passés dans une éruption de volcan. »

« Oui, Pompéi. » Il avait été impressionné par ces moulages de cadavres recouverts de cendre et de lave, figés dans des poses parfois horribles, parfois aussi banales que le sommeil. Des images de camp de concentration, sauvées de l'horreur par les fresques miraculeusement conservées, au rouge si élégant et impossible à reproduire, le *rosso pompeiano.* Et il y avait ce visage de femme sur une fresque, Sappho, le stylet posé sur les lèvres, le regard serein pour toujours rivé sur le nôtre, que tous les écrivains devraient avoir devant eux pour les moments difficiles où ils se demandent, eux aussi, quoi écrire.

« On faisait comme si on était des gens de l'ancien temps, dit la fille. Il y avait des robes qui sentaient les boules à mites dans des grandes armoires de cèdre, et des coats à queue de monsieur. On se déguisait, on faisait semblant de danser, on avait vu à la TV des valses de Vienne, mais tout ce qu'on retenait, c'était qu'il fallait tourner. On tournait, alors, jusqu'à ce qu'on ait envie de vomir. Une fois, mon amie Brigitte a accroché une rampe d'escalier qui s'est brisée et elle est tombée d'un étage. Elle s'est cassé un bras, il a fallu raconter que c'était arrivé dans un arbre, mais ça nous a pas empêchées de revenir. Toi, tu vas-tu avoir une scène de danse dans ton roman, avec des belles dames en robes longues ? »

Il n'y avait pas pensé. Il n'avait pensé à rien, en fait, il était tout de suite resté bloqué sur la scène du vent. L'homme qui marchait la nuit dans son livre s'appelait Arnaud, Arnaud-le-fugace. Il s'était mis à détester ce nom. Au lieu de le changer, pourtant, comme il en avait le droit, il agissait comme si l'homme était une personne réelle qu'il n'aimait pas et qui avait envahi son histoire pour la lui voler.

« Je ne suis pas encore rendu là, dit-il. De toute façon, mes personnages sont des fermiers pauvres. Je doute qu'ils aient des belles robes et dansent dans des manoirs comme celui-ci. »

« Ahhh, il va être plate, d'abord, ton livre. Les fermiers pauvres, c'est pas une bonne idée pour un roman. Ça te prend des riches et des chevaux, des gars qui se battent en duel, des filles sur des balançoires qui rêvent à des princes charmants. »

« Tu ne trouves pas qu'il y en a assez comme ça, des histoires de cape et d'épée à l'eau de rose ? »

« L'amour, c'est tout ce qui intéresse les gens dans les films ou dans les livres. Dans la vraie vie aussi. Si tu penses autrement, t'es bizarre ou ben menteur. D'ailleurs, si tu essaies de me faire accroire que tu penses à autre chose, là, tout seul au milieu de nulle part avec une fille que t'as pris sur le pouce, je te crois pas. »

Elle rit, puis s'éloigna en donnant un coup de pied sur une pierre. Il s'approcha d'une fenêtre. On distinguait un arrangement impeccable de meubles bourgeois, des guéridons couverts de nappes rondes en dentelle, des vases de porcelaine chinoise, une bonbonnière sur une table de salle à manger en noyer foncé. Tout était très propre, trop propre. Il y avait comme une attente incluse dans cet ordre et ce souci du détail. Quelqu'un allait entrer dans ce salon, d'un instant à l'autre, et s'asseoir dans un de ces fauteuils en cuir, quelqu'un qui lirait ou fumerait un cigare en buvant un porto, ou alors une femme habillée de noir qui prendrait un ouvrage au petit point dans un panier en osier laqué.

Il aurait voulu que la fille se penche à ses côtés pour regarder par la fenêtre, mais ce genre de geste rapprochait les gens et ce n'était pas ce qui se passait entre elle et lui en ce moment.

« Je vois quand même la fille de mes fermiers pauvres, improvisa-t-il. Elle est dans l'encadrement de la porte de la cuisine. Le seigneur Mauvide l'a engagée pour aider au service de la fête. C'est l'anniversaire de sa fille. Elle a seize ans et le seigneur a voulu lui faire rencontrer des jeunes hommes bien nés. » La fille s'était arrêtée, elle était revenue un peu vers lui, mais pas au point de se pencher pour voir ce qu'il décrivait par la fenêtre. Elle l'écoutait tout de même, ce qui était déjà une énorme victoire.

« Il y a le fils du seigneur de Beaupré, se força-t-il à continuer, et celui du marchand Truchon, qui a un magasin au Petit-Champlain. La fille Mauvide, elle s'appelle, eh, Marie-Madeleine, elle aimerait bien que le capitaine de Brabant soit là aussi. Elle l'a vu à la parade militaire l'été dernier, mais il est en mission aux alentours du lac Champlain. Marie-Madeleine regarde à peine le fils Truchon, même si c'est le favori de son père. De toute façon, c'est un courailleux qui a déjà remarqué la domestique dans l'entrée de la cuisine. Car Aurélie Nadeau est belle, très très belle. »

Il avait l'impression de raconter une histoire à un enfant prêt à se coucher. Plus jeune, quand il gardait sa cousine, il improvisait un conte le soir avant qu'elle ne s'endorme, plutôt que de lui lire un livre. Sa cousine adorait et tâchait de maintenir les yeux grands ouverts. Jusqu'à minuit souvent, il brodait des aventures de l'ancien temps, avec des pirates et des princesses arabes et des galions. C'est ainsi qu'il s'était laissé prendre par le plaisir de raconter des histoires et avait pensé qu'il aimerait bien en faire sa vie. Puis le temps avait passé et il avait découvert que les feuilles blanches n'avaient pas les yeux fascinés de sa cousine pour l'encourager à continuer.

Les livres n'étaient pas nés dans les contes du soir, pensa-t-il, ni dans les légendes inventées pour le clan transi de froid dans la caverne, terrifié par les hurlements des loups au-dehors. La récompense des yeux écarquillés, des respirations suspendues, des bébés qui ne pleurent plus, des vieux qui oublient leur mal de dents, des enfants qui s'endorment doucement dans des bras berçants de grands-mères, cela aurait aidé n'importe quel conteur à continuer. Il n'y avait aucun réconfort de ce genre devant une feuille de papier blanc. Cela dut être surhumain au début de s'asseoir devant une tablette d'argile vierge pour inventer une histoire et sans doute né d'un malentendu, un scribe mal informé qui ignorait que tous les livres accumulés jusque-là étaient de bêtes transcriptions de racontages, que ce n'était pas celui qui écrivait qui devait créer l'histoire mais celui qui parlait, parce qu'on est trop seul quand on écrit.

La fille l'écoutait, sans plus prendre la peine de protéger ses cheveux de la pluie. Après les yeux endormis de sa cousine, ceux, saoulés d'adjectifs, de Geneviève, pour qui il inventait de mauvais poèmes, avaient été sa deuxième révélation. Intéresser les filles et une en particulier, voilà ce qui l'avait poussé à écrire. Cela avait si peu marché, et quelques années seulement avec Geneviève. Maintenant, derrière ce manoir fermé, il espérait que cela marcherait un tout petit peu encore. La fille attendait la suite, mais lui aussi attendait, malheureusement. Il n'avait rien écrit ni même pensé de toute cette histoire. Il inventait à mesure. Il n'avait jamais imaginé de fille à son fermier pauvre ni de soupirants à la fille du seigneur Mauvide, ni le seigneur lui-même, d'ailleurs, qui était né dans sa tête quand il avait collé son nez à la fenêtre. À présent, il était à court d'idées.

Allez, Schéhérazade, pensa-t-il, trouve quelque chose, n'importe quoi, ou tu vas mourir. La menace d'une tête coupée, le sommeil d'un enfant, l'attention d'une fille, c'étaient de vraies raisons d'inventer, bien plus qu'un éventuel et minuscule chèque de droits d'auteur. Il fallait une récompense physique et immédiate, et c'était pour cela qu'il admirait les auteurs de livres de cul ou de cuisine, car on savait tout de suite dans le milieu du corps si leur prose fonctionnait.

« Pis ? C'est tout ce que tu vois ? » dit la fille.

« Eh... ben, eh, Aurélie Nadeau s'en retourne aux cuisines. Elle a toujours trouvé Marie-Madeleine Mauvide un peu dinde, avec ses dents avancées et ses taches de rousseur. En tout cas, le fils Truchon, eh, Nicolas, Aurélie n'a même pas remarqué qu'il la regardait. C'est pour cela que lorsque Aurélie sent une main sur sa hanche, elle sursaute et crie et se demande ce que ce petit monsieur bien habillé, Nicolas Truchon, peut bien lui vouloir ainsi dans la cuisine. « Le service de fromages tardera point, Monseigneur (n'en fais pas trop avec le faux langage de paysan du XVIIIe, pensa-t-il). J'arrive tout de suite, Monsieur. »

« Le salaud, dit la fille, ils sont tous pareils ! »

« Eh oui, acquiesça-t-il. Nicolas Truchon a suivi Aurélie à la cuisine. Ils sont seuls. Nicolas pense qu'Aurélie sera flattée de son attention et n'osera pas se défendre. Il met la main dans son corsage, les seins sont doux (attention, pensa-t-il, pas trop osé, tu racontes tout ça à une fille seule derrière une maison fermée au bord d'une route déserte hors saison), enfin, la fille crie de nouveau et le repousse. Nicolas insiste. Par la porte ouverte de la cuisine, Aurélie voit passer son frère qui vient de temps en temps bûcher du bois pour les Mauvide. Elle l'appelle : « Augustin, vite. » Augustin accourt, il entre dans la cuisine, il voit la main de Nicolas Truchon dans le corsage. Augustin n'a toujours pas lâché la petite hache avec laquelle il débite les arbres des Mauvide. Il voit rouge et s'élance vers le fils Truchon. »

Il s'arrêta. « Bon, O.K., dit la fille, qu'est-ce qui arrive, là ? »

« Je ne le sais pas, c'est tout ce que je vois par la fenêtre. Ils ont fermé la porte de la cuisine. Suite au prochain épisode ! Je ne sais pas s'il y aura du sang, ni si la hache d'Augustin Nadeau va trancher la main de Nicolas ou le sein de sa sœur. Les hommes avaient une drôle de notion du péché à cette époque-là. Peut-être que la colère d'Augustin sera suffisante pour faire peur au fils Truchon, peut-être qu'Augustin se sentira trop démuni devant le rang social et l'habillement de Nicolas. Il va falloir que j'y pense un peu. »

« Tu veux dire que tu connais pas la suite ? ! ? »

« Ben, j'ai dit que j'écrivais un livre, pas que je l'avais *déjà* écrit ! »

« Oui, mais c'est pas juste, ça, c'est un petit peu agace. M'as t'aider, moi, à trouver la suite. D'abord, la fille va se venger, elle va prendre la hache de son frère, O.K., pis le Nicolas Trou-de-cul, il va saigner ! »

« Mais non, il ne faut pas que tu te lances n'importe comment dans ton histoire et que tu te retrouves coincée. Si Nicolas saigne, ça devient une histoire de révolte ou de vengeance. Ça finira plus, le sang, et chez nous, c'était plutôt pacifique. On n'est pas en Sicile, ici, on est sur l'île d'Orléans. »

« Justement, peut-être que ça prendrait plus de sang dans nos histoires de moumounes. Les Palestiniens, les Irlandais, eux, ils les font sauter, leurs Nicolas Trou-de-cul, on voit ça tous les jours à la TV. Moi, à l'école, l'histoire du Québec, ça me faisait chier. On avait des missionnaires, des fermiers pis des bonnes sœurs. Dans les autres pays, c'étaient des guillotines et des massacres. Là, ça bougeait, au moins ! Tu peux mettre autant de sang que tu veux dans ton histoire, c'est toi qui décides ! Ça ferait peut-être du bien au monde, crisse ! »

Il n'avait pas pensé au sang. Il s'en était versé si peu ici, à l'aune des horreurs de l'histoire. Ni les maîtres français ni leurs successeurs anglais n'avaient agi ici comme ils l'avaient fait ailleurs. Si les Irlandais faisaient sauter leurs Anglais, c'étaient peut-être les millions de morts de la grande famine qui criaient vengeance. En Inde, les Anglais avaient massacré des centaines de rebelles en les attachant à la bouche de leurs canons. En Afrique du Sud, ils avaient inventé les camps de concentration ; des milliers de femmes et d'enfants boers étaient morts de faim et de maladies contagieuses dans ces camps, pour de l'or et des diamants. En Chine, ils avaient utilisé l'opium pour anéantir et le corps et la volonté des gens. En Amérique, ils s'étaient débarrassés des Acadiens en les déportant et des Amérindiens en leur donnant des couvertures contaminées par la variole, gracieuseté du général Amherst. Pourquoi avaient-ils été si bénins avec nous ? C'était un mystère. La mollesse de notre colère était peut-être à la mesure de celle de nos conquérants.

Il s'étonna de la brusque montée du ton de la fille. Elle le connaissait depuis une demi-heure seulement et se permettait de lui faire la leçon sur son livre. Il tenta de la ramener à son histoire. « Bon, on ne va pas se chicaner. Raconte-moi comment c'était quand vous alliez dans le manoir abandonné. »

« C'est des jeux qui font un temps, puis qui disparaissent du jour au lendemain. Tu sais pas pourquoi, tout le monde devient trop vieux d'un coup. Les gars deviennent trop colleux, aussi. Il y a un âge où tu peux valser en robe blanche et en coat à queue sans y penser, puis un âge où la queue du coat se déplace d'en arrière à en avant et il faut que tu te battes tout le temps avec. C'est moins le fun. On dirait des requins, dès que les filles se mettent à saigner, ils le sentent des milles à la ronde et leur tournent autour. Et là, plein de choses bizarres se mettent d'un coup à arriver. Un jour, tu trouves, écrit dans la poussière sur un miroir : "Manon suce". Des gars qui étaient tes amis la semaine d'avant deviennent des gros épais hypocrites. Puis un matin, il y a des traces de pas d'adulte, plus grands que les tiens, dans la saleté par terre. C'est là que tu prends peur. Des enfants dans une maison abandonnée, y a rien là, c'est seulement un jeu. Même les mains trop visiteuses, tu sais quoi faire avec. Mais un adulte, ça fait bizarre. Tu peux pas avoir toute ta tête à quarante ans pis rentrer par les fenêtres dans des maisons en ruine. »

Elle le fixa longuement, la tête rejetée vers l'arrière. « T'aimes pas les maisons abandonnées, au moins, toi ? »

Il se força à sourire. « De toute façon, celle-ci est rénovée et on ne peut pas y entrer. »

Ce n'était pas ce qu'il fallait dire. La fille revint vers l'avant de la maison, en regardant la route, comme si elle espérait qu'une voiture passerait. On entendait un bruit de moteur monter derrière la courbe. Une Chevrolet Caprice s'approchait. Sur la plaque avant, on pouvait lire « *I'm with Jesus* ».

La vitre de l'auto était montée, mais on entendait des guitares hawaïennes chanter très fort des malheurs de camionneurs à la radio. Un moustachu blond, coiffé d'une casquette, colla son nez sur la vitre et jeta un long regard sur la fille au bord de la route. Un regard froid, avec un petit sourire en dessous. La voiture ralentit. Le moustachu se pencha, la musique cessa. À pas de tortue, la Chevrolet dépassa le manoir, sans s'arrêter. L'homme à la casquette baissa sa vitre, lança un grand rire sonore et un crachat brun, puis la voiture accéléra d'un coup. « *ANTICS 742, Live Free or Die, New Hampshire 1998* » disait la plaque arrière.

« Je pense que les Américains n'ont pas tellement aimé ton hospitalité, sur la route du pont », dit Marc-André en s'approchant de la fille.

« C'est ta voiture qu'ils ont suivie, pas moi. En tout cas, j'aime pas ça, ils devraient déjà être loin de l'île à cette heure. J'ai pas envie de rester ici. »

Elle monta dans la voiture. Il démarra sans un

mot. Il alluma la radio au poste préféré de la fille pour la rassurer, mais le cœur n'y était plus. La musique était mollassonne de toute façon, une chanson lente de Ten CC, qu'il avait toujours détestée, *I'm not in loooove, but then again...*

La Chevrolet Caprice apparut dans son rétroviseur en haut de la côte. Ce n'était pas normal, elle aurait dû se trouver devant lui. Elle était collée à quelques mètres de son pare-chocs et, par moments, il avait l'impression qu'elle le touchait.

« Que c'est ça, ils sont malades ? » s'énerva la fille, qui l'avait vu jeter des regards inquiets sur son rétroviseur.

« En tout cas, garde tes mains dans le char, cette fois-ci. »

« C'est ça, Monsieur pense que c'est de ma faute et que c'est parfaitement normal qu'un char suive des gens, collé au cul comme ça sur une route déserte. » Elle se tut, boudeuse. Il pensa qu'il en avait assez de cette fille et qu'il n'aurait jamais dû l'embarquer.

La Chevrolet touchait son pare-chocs maintenant. Il ne savait plus quoi faire. Il prit un peu de vitesse, la Chevrolet aussi. Il ralentit presque au point d'arrêter, espérant que les Américains seraient obligés de le doubler. La Chevrolet restait tout près derrière. Sans réfléchir, il pesa brusquement sur l'accélérateur. Ses pneus patinèrent quelques secondes sur l'asphalte mouillé, puis la voiture décolla.

« Whoa, dit la fille, tu vas nous tuer ! » Il entendit distinctement un cri de rodéo venir de la Chevrolet, un

« yeeha » joyeux de cow-boy qui jubile parce qu'il a enfin un cheval à sa mesure.

Il était dans un film de Hollywood. Des pneus crissaient, du gravier revolait, des carrosseries étaient déportées par la force centrifuge, des mains et des mâchoires mâles se crispaient au rythme de brusques mouvements de volants. Quand il freina dans une courbe, sa voiture glissa dangereusement près du fossé. Fille, tu voulais une course de chars dans mon livre, pensa-t-il. T'en as une !

Il en eut tout à coup assez. Il ralentit, mit son clignotant de droite et s'arrêta sur l'accotement. Tranquillement, comme s'il allait vérifier un pneu, il sortit de la voiture en refermant doucement la portière. Il entendit la fille chuchoter : « Que c'est que tu fais ? Reste ici, t'es malade ? »

« Toi, bouge pas, et surtout, dis rien ! » dit-il froidement. Il marcha vers la Chevrolet. Il s'étonnait du calme qu'il ressentait. Sa respiration, qui s'était emballée au moment où la voiture avait dérapé dans la courbe, était redevenue normale. Il aimait cette scène du *Parrain* où Al Pacino, à la porte de l'hôpital, découvre que sa main ne tremble pas quand il allume la cigarette d'Enzo et qu'à sa grande surprise il a le sang froid des vrais durs.

Le chauffeur de la Caprice baissa sa vitre. Il n'avait pas de casquette, lui, mais des cheveux noirs, longs et gras, et une dent en or qui trônait au centre de sa bouche. Dans l'espace entre les deux sièges, sous les canettes de bière suspendues au-dessus de la radio, il y avait une carabine. L'homme aux cheveux gras posa la main dessus et lui décocha un grand sourire.

« *Is there a problem, officer?* dit-il, ironique. *Were we doin' too many, whatcha call'em here, "keemoleeters", keemo sabe!!* » Le moustachu s'esclaffa en glissant ostensiblement sa main dans la poche intérieure de sa veste.

Marc-André se pencha lentement sur le côté de la portière, essuya un insecte écrasé avec un peu de salive et regarda le conducteur droit dans les yeux. « *You shouldn't take my sister seriously, guys,* s'entendit-il dire. *I'm just taking her for a drive, this is her day off from the mental hospital. She gets a bit excited sometimes. Back at that snack bar near the bridge, she jumped the waitress 'cause the ketchup was too slow coming. I'm sure she'd apologize if you asked her, but I'd let it go at that if I were you, she's liable to take all her clothes and take the both of you on in the back seat to say she's sorry.* » Les Américains eurent un rire lubrique. « *But then again, you'd be taking chances, the last guy that tried a thing like that with her got his eyes gouged out. She just tore those long nails of hers into him when he was, uh, concentrating on something else, if you see what I mean. The guy's sellin' pencils on the street in old Quebec, you probably bumped into him when you were going around town.* »

Schéhérazade allait survivre un jour de plus. Le conducteur enleva sa main de la carabine et regarda son passager. Le moustachu hocha la tête. « *Man, you guys are fucked up!* dit-il. *Come on, Kev, let's get the hell out of here, these fuckin' French oakies give me the creeps.* » L'homme aux cheveux gras démarra. Quand la Chevrolet passa devant la fille, qui se faisait toute petite sur son siège, les Américains regardèrent ses mains, qu'elle avait posées sur le bord de la vitre baissée. Les longs ongles peints couleur perle brillaient dans la lumière, comme des poignards que les Américains imaginaient plongés dans leurs yeux. La Chevrolet accéléra et disparut derrière la côte.

Marc-André revint vers la voiture, du pas nonchalant d'un héros de western spaghetti.

« Qu'est-ce que tu leur as dit, bonyenne, pour qu'ils s'en aillent comme ça ? » dit la fille en se redressant.

« Tu veux pas le savoir. »

« Comment ça ? »

« Disons que j'ai juste exagéré un petit peu tes défauts. »

« D'abord, qu'est-ce que tu connais de mes défauts, ça fait même pas une heure que je suis dans ta voiture ? Ta voiture *louée*, loser ! Puis je vois pas ce qui te donne le droit de passer des jugements sur qui a des défauts et qui a des qualités, monsieur l'écrivain qui écrit pas. »

C'était bon signe, pensa-t-il. Dans les sitcoms américaines, le gars et la fille qui vont se ramasser ensemble à la dernière émission de l'année commencent toujours par se détester. Une valeur universelle, pensa-t-il, la colère qu'il faut d'abord exorciser quand on se rend compte qu'une personne nous habite. Pourquoi ne pas en rester là, d'ailleurs, pourquoi chercher à annuler cette première réponse de rage et la remplacer par son contraire plus policé ? Car c'est la première colère qui est la bonne, le premier agacement, il l'avait vérifié avec Geneviève, qui l'avait insulté dans l'autobus le jour où un ami commun les avait présentés.

« On dit "merci, monsieur l'écrivain qui vient de nous sauver la vie", au lieu de chialer. Ces gars-là avaient des guns, madame, un dans la poche du veston, et puis une 12 entre les deux sièges. »

« Wow ! Il me semblait que tu écrivais des romans sur l'ancien temps, toi, avec des servantes et des fils de marchands cochons. Te v'là tout à coup scénariste de film américain ! »

Il se rembrunit, agacé par les sarcasmes de la fille. La même chose lui était arrivée à onze ans, quand il avait joué au chevalier avec une petite fille poursuivie par un voisin. « Mêle-toi don' de tes affaires, Marc-André Nadeau », lui avait dit la fille, qui, dans les années suivantes, avait tout fait pour se faire attraper par ce même Sébastien Lapierre et toutes les MTS qu'il colportait.

Il démarra la voiture, remit la radio et partit sans un mot en direction du pont. À CKMP, il reconnut *Thunder Road,* une de ses chansons préférées. *« Don't turn me home again / I just can't see myself alone again.* Il pardonnait cette tricherie de la rime, parce que la voix de Springsteen la compensait en allongeant les mots de la deuxième ligne, avalant presque la répétition de *again,* qui était d'autant plus pathétique.

La fille ne disait rien. Son visage était fermé, son

dos raide, mais son pied bougeait avec la musique. Quelle partie de son corps lire ?Le mouvement du pied était-il faux, une façon de se donner une contenance, comme quand on sifflote pour rien ? Ou était-ce le sérieux du visage qui allait bientôt se briser, dans un fou rire d'autant plus incontrôlé qu'il la libérerait de l'inquiétude liée aux Américains ?

« Merci », dit la fille d'une voix soudainement adoucie. « Je sais pas ce que tu leur as fait, mais ils m'inquiétaient, ces deux-là. » Elle avait frôlé sa cuisse de ses ongles couleur perle. Ses lèvres mimèrent les mots de la chanson. *« They haunt this dusty beach road in the skeleton frames of burned out Chevrolets. »* Il remarqua pour la première fois qu'elle était plus jolie de profil que de face, avec son nez très court et son cou délicat, ciselé, si fragile dans le col ouvert de sa veste de jeans.

Les champs de la paroisse de Saint-Jean s'étendaient à perte de vue. Il n'y avait par ici ni auberge, ni halte routière, ni autocueillette pour faire croire aux citadins que la récolte est un loisir amusant. Les bourgeons commençaient à peine à sortir sur les érables. Il pensa aux ormes, qui avaient presque tous disparu et qui étaient si beaux sur les photos et les peintures anciennes. Que voyait-il maintenant que les enfants de 2100 ne connaîtraient que par l'image ? Y avait-il une douleur des ormes disparus, un trou dans notre plaisir du monde à la mesure duquel juger tout ce qui allait disparaître ? Tous ces insectes, ces oiseaux, ces antilopes menacés, il fallait d'abord trouver en nous la douleur de ce qui avait déjà disparu, si on voulait convaincre qui que ce soit de ne pas laisser bêtement le temps suivre son cours et faire mourir la moitié du monde.

S'occuper des grands-parents, voilà une chose qui avait disparu, comme les ormes. Il se souvenait de sa grand-mère, qu'ils avaient placée dans un centre. Quand, les larmes aux yeux, son père s'était excusé de ne pas la prendre chez eux, la grand-mère avait soupiré. « Y a rien de pire qu'un vieux à la maison. Mon grand-père à moi, on l'avait pris et il nous terrifiait. Il se plaignait tout le temps, il gueulait après ma mère. Et surtout, surtout, il m'assoyait chaque soir sur ses genoux pour me raconter des histoires, qu'il disait. Et là il se berçait, et à chaque mouvement de la chaise, je sentais son affaire grossir dans son pantalon et il me collait les fesses dessus avec ses grosses pattes sales, jusqu'au jour où ma sœur a compris. Elle lui a donné un de ces coups de poêle en fonte derrière le crâne, elle a failli le tuer. Après ça, il a filé doux et ne m'a plus jamais raconté d'histoires. Non », avait dit ma grand-mère en hochant la tête, « les vieux, mieux vaut les envoyer mourir sur une banquise, comme les Esquimaux. » Elle n'avait pas survécu trois mois au centre, elle était restée tout le temps à regarder par la fenêtre, sans parler à personne.

« La terre de mes ancêtres, elle est juste devant, par là-bas, dit Marc-André. C'est là que mon histoire se passe. »

« T'es un Desruisseaux, alors ! C'est la ferme à Jean-Jacques, ça ! »

« En trois cents ans, tu sais, les fermes ont eu le temps de changer de propriétaire. Mon nom, c'est Nadeau. Aucune parenté avec les Desruisseaux. Ma famille est partie de l'île d'Orléans en 1790. »

« T'es bizarre, toi. Ça donne quoi de t'intéresser à une ferme qui est plus à vous depuis des siècles ? »

« C'est pas de la généalogie que je fais, c'est un roman. Ça n'a pas besoin d'être vrai, là tout de suite ! »

« Pourquoi prendre cette ferme-là, d'abord? N'importe quelle ferme ferait l'affaire ? »

« Mais tu comprends rien, c'est pour l'ambiance, pour les arbres, le vent, l'odeur des champs ! »

« Parce que tu penses que ç'a pas changé en trois cents ans ! »

« Peut-être, mais pour les idées, c'est quand même utile. »

« En tout cas, ç'a pas l'air de marcher, si tu veux mon avis. C'est un peu magique, ton affaire, tu penses pas ? Comme si tu croyais aux fantômes. Tes ancêtres, ils vont te la chuchoter à l'oreille, ton histoire, peut-être ? »

Cette fille était insupportable, pensa-t-il, et le pire, c'est qu'elle avait raison. Il ne savait pas pourquoi, mais il attendait beaucoup de cette visite à la ferme de ses ancêtres. Il n'avait pas vraiment réfléchi à ce qu'il espérait y découvrir, une présence peut-être, une sensation qu'il reconnaîtrait comme s'il l'avait vécue lui-même dans une autre vie. Il savait que cela ne se pouvait pas, il ne croyait ni aux esprits ni à la réincarnation. Et pourtant il cherchait autre chose que des détails physiques à noter, l'orientation du soleil, la longueur des champs, la vue du fleuve du haut d'une fenêtre.

L'emmerdeuse pouvait au moins servir à vérifier quelques idées pour son roman. « Dis-moi, est-ce qu'on se sent un peu, eh, perdu sur ton île, comme sur un bateau échoué ? Est-ce qu'on a l'impression d'avoir fait naufrage et d'être coincé ici, déçu, et d'avoir failli à ses rêves ? » C'était le point de départ fragile de son roman. Il était persuadé que son personnage principal, dont il ne connaissait presque rien, se posait ce genre de questions.

« Coincé, ça, oui, mets-en, dit la fille. J'attends juste le jour où je vas pouvoir partir, mais c'est peut-être toujours de même sur une île. On a vite fait le tour. Quand on regarde le fleuve et le reste du monde de l'autre bord, on croit que ça s'étend à l'infini et que dès qu'on s'ennuiera quelque part, on va pouvoir fuir plus loin. Ailleurs, quand tu files pas, tu peux te dire que c'est pas toi, que c'est le monde autour qui te convient pas. Mais sur une île, où que tu ailles, c'est toujours pareil, alors t'as pas le choix, il faut que tu te dises que c'est de ta faute si ça va pas. C'est insupportable. Alors tu rêves d'aller ailleurs, pour avoir quelque chose en dehors de toi à blâmer, pour espérer changer le mal de place. »

Une fois, à la maison de campagne de son oncle, à Saint-Armand, Marc-André avait eu cette sensation d'être coincé sur une île, mais une île qui englobait tout le Québec. À quelques centaines de mètres, on voyait les collines du Vermont. Au nord, derrière lui et jusqu'aux Laurentides, c'était le fond de l'ancienne mer de Champlain. Il imaginait des dinosaures qui nageaient près des rives étouffées par des fougères. Au sud, il y avait les Appalaches, qui s'étendaient sur des milliers de kilomètres. De l'autre côté de la frontière, un long sentier allait de sommet en sommet jusqu'à Atlanta. Après, on pouvait marcher jusqu'en Patagonie si on le voulait. Marc-André avait regardé le petit poste de douane de Morse's Line au tournant de la route. Il était si près, il s'ouvrait sur un ailleurs infini et si facilement accessible, et pourtant, sans savoir pourquoi, Marc-André savait qu'il ne le franchirait jamais.

Changer le mal de place. C'était l'expression qu'avait utilisée la fille. Jusque-là, il n'avait jamais compris l'importance de ces mots. Il y avait de quoi en faire une devise, une phrase à calligraphier en latin sur des armoiries. C'était tout ce qu'on pouvait espérer, mais c'était déjà beaucoup. Tout ce qui pouvait sortir de nous l'angoisse, la petitesse, la déception et la mettre ailleurs, dans un autre lieu, un autre siècle, une autre vie, fictive ou non, tout cela allégeait la peine en la distribuant, en inventant ce qu'il fallait de personnages pour que la peine ne pèse plus rien tant il y avait d'épaules pour la porter. Ce qu'il souhaitait trouver, sur la ferme de ses ancêtres, c'était un signe que Joseph-Ozanny Nadeau, le premier de sa lignée qui était venu de France, avait partagé sa perplexité, qu'il ne pouvait en être autrement dans ce paysage de bateau échoué.

« Et comment tu penses sortir de l'île ? » demanda-t-il à la fille.

« Ben, avec toi d'abord, tout à l'heure, si jamais les Américains et les ancêtres nous laissent tranquilles. Et puis avec mon chum, qui fait de la musique et qui va jouer avec les plus grands, un jour, à L. A. »

« Il joue de quoi, ton chum ? »

« De la bass. C'est un gars calme », dit la fille, comme pour s'excuser. « La bass, ça prend des gars comme ça, ils assurent le beat pendant que les exhibitionnistes se font aller au micro ou à la guitare solo, à côté des choristes dépoitraillées. Le groupe s'appelle les Sizzlers. Je sais, ça fait un peu barbecue, mais ils cherchent un meilleur nom. Ils font des covers sur la rue Saint-Jean, mais mon chum écrit ses propres chansons. Bientôt, il va leur faire changer de style, puis là, ça va décoller, man ! »

Quelque chose lui disait que la fille ne croyait pas vraiment à cette histoire, une exagération à peine perceptible dans le ton, des pauses trop longues entre les phrases, un regard trop lointain de l'autre côté du parebrise.

Il arrêta la voiture. « J'aimerais juste jeter un coup d'œil, si ça ne te dérange pas. Après, on prendra le pont et je te laisserai en ville. » Elle ne dit rien. Il sortit et avança dans le champ. Il se sentait ridicule. Il était incapable de se concentrer sur l'endroit, il ne pensait qu'à la fille restée dans la voiture. Elle avait remis la radio. Elle serait capable de voler l'auto et de me laisser là, pensa-t-il.

Il marcha quelques minutes au milieu des sillons, puis revint. La fille s'était lassée de la musique. Elle sortit de la voiture et claqua la portière. Une nuée d'oies s'éleva derrière la colline, dans un tintamarre de cris et de battements d'ailes. Ils crurent tous deux que leurs cœurs allaient s'arrêter. La volée, frôlant presque le sol, vira vers l'ouest dans un ouragan d'ailes blanches, obscurcissant le soleil. Sans s'en rendre compte, il avait pris l'épaule de la fille pour la forcer à se baisser, comme si les ailes d'oies étaient des pales d'hélicoptères qui auraient pu la décapiter.

« Elles vont me faire mourir, un jour, ces maudites oies, dit la fille. Je devrais pourtant m'y attendre, il y en a chaque année, mais à chaque fois, elles me prennent par surprise. »

Pour lui, c'était la première fois. Il avait vu des oies en photo ou à la télé, mais il n'avait jamais senti un tel souffle de panique animale passer si près, une explosion d'ailes et de cris qui faisait encore battre son cœur à toute vitesse des minutes après. C'était ce que les oies cherchaient, à scier les jambes des intrus, mais c'était d'un tout autre ordre que la petite queue blanche levée des cerfs. Même les lions devaient en trembler, aucun carnivore au monde ne devait pouvoir supporter cette tempête blanche où chaque flocon pesait trois kilos et pouvait vous briser la nuque s'il vous frappait de plein fouet.

« Tu vas-tu mettre les oies dans ton livre ? »

« Ben, je suis un peu obligé, rendu là. Il y a pas grand-chose d'autre qui m'a autant impressionné ici. »

« Pis moi ? »

« Toi, c'est pas pareil. Je peux pas te mettre dans mon livre, tu existes vraiment. Si je change le personnage d'Aurélie pour qu'il te corresponde, tôt ou tard tu vas être fâchée, parce que je ne peux pas seulement dire des choses gentilles sur elle. Il faut bien qu'elle ait des défauts, Aurélie, sinon les lecteurs ne vont pas y croire. Tu ne voudrais quand même pas que j'écrive sur tes défauts ? »

« D'abord, je me doute un peu que tu les as déjà remarqués, sinon t'es pas très perspicace pour un écrivain. En tout cas, les Américains, eux, ils les ont remarqués, mes défauts. Pis de toute façon, tu peux pas me prendre comme modèle pour Aurélie, parce que t'as déjà dit qu'elle était belle. Moi, les fils de marchands me voient pas dans les partys chic ! »

Cela sonnait comme une invite, une ouverture destinée à lui faire dire que non, elle était quand même jolie. Il ne pouvait tout de même pas la complimenter pour son profil, pensa-t-il, cela appellerait automatiquement un commentaire sur sa face. Et puis le chum allait revenir dans la conversation une minute après le compliment, pour renvoyer le pendule de l'autre côté.

« Belle, enfin, moins pire que la fille Mauvide et les autres riches. » Dans les peintures anciennes, il était frappé par la laideur des aristocrates, comme une arrogance de plus qui ne les obligeait même pas à prouver leur sang noble par les signes extérieurs de la supériorité. Tous ces princes consanguins, lippus, déformés, hémophiles, descendants de roitelets allemands qui siégeaient sur la moitié des trônes d'Europe et changeaient leur nom au gré des guerres, des Battenberg et Saxe-Cobourg teutons se métamorphosant d'un coup de plume en Mountbatten et en Windsor. Ce n'était qu'à notre époque de *Paris-Match* et de tabloïds anglais que les nobles avaient senti le besoin d'aller chercher du sang photogénique, embellissant du coup les couvertures de magazines avec des petits Savoie, Windsor, Bourbon et Grimaldi sauvés de la laideur ancestrale par des mamans choisies pour leur joli sourire.

C'était cette arrogance de la laideur qu'il voulait

décrire chez les Mauvide. La beauté d'Aurélie Nadeau n'était dans sa tête qu'une concession au genre, une touche d'artisanat. Écrire, pensait-il, c'était pousser les conventions vers une toute petite zone inexplorée, à moins d'être Joyce. C'était prendre Gilgamesh et Ulysse et leur faire manger un club sandwich en compagnie d'une femme divorcée dans un truckstop à Victoriaville. Sans mayonnaise, mais avec de vrais morceaux de poulet, pas de la dinde pressée en tranches.

« Personne est beau à la campagne, dit-elle. On est tous trapus avec des longs mentons et des visages trop larges. C'est parce qu'on est poignés à marier le voisin. On peut pas, comme les gens de la ville, aller chercher des beaux yeux noirs d'Italiens, des cheveux blonds de Suédoises, des petits nez de Chinois. On est comme nos vaches, on se fait monter par le bœuf d'à côté. Ça fait des enfants forts, que le vent peut pas faire tomber, mais des petites cute dans l'entrée de cuisine pour ton roman, on en fait pas beaucoup. »

Elle exagérait, pensa-t-il, ou se moquait de lui. Il ne savait jamais comment prendre ce genre de remarque. À Saint-Hilaire l'année passée, quand il était allé cueillir des pommes, le propriétaire du verger, très sérieux, l'avait mis en garde contre les dangers de la pollution. « Tu feras attention, touche pas aux troncs. Des fois, à cause des pluies acides, on se brûle le bout des doigts. » Il n'avait pas su quoi répondre, ne sachant pas s'il était le complice ou le sujet de la blague.

« Voyons, tu me niaises, dit-il, les filles sont aussi belles à la campagne qu'en ville. Et tu sais bien que la beauté des filles fait vendre, que ce soit dans les livres, les publicités ou les films. »

« Ben justement, si tu veux vendre, t'as avantage à pas mettre ton histoire sur une île de rien du tout il y a trois cents ans. Hollywood ou Paris, ça, ça marche. De la drogue, du sexe, des stars, des mannequins, comme dans les magazines. »

Cette fille était de plus en plus insupportable. De quoi se mêlait-elle ? C'était son livre à lui, il pouvait y mettre ce qui lui plaisait, beau ou laid. Des mannequins ! Il pensa retourner à sa voiture et la laisser là, en plein milieu des champs. Qu'elle fasse du pouce avec les oies, se dit-il, peut-être qu'elle se tuera en tombant du ciel ou alors elle se retrouvera en Laponie et seule Selma Lagerlöf pourra la tirer de là par un conte et, ça tombait bien, Selma Lagerlöf était morte.

« Bon, tu m'excuseras, dit-il, mais je fais un petit tour des champs et après on file sur Québec et je te dépose. »

Il marcha lentement dans la direction de la maison. Les champs n'avaient pas encore été retournés. Ses pieds s'enfonçaient dans la boue au milieu des tiges de maïs coupées. Il n'avait pas les souliers qu'il fallait, il n'avait pas pensé marcher ainsi dans la terre grasse du printemps. Ses pas produisaient des bruits bizarres de succion chaque fois qu'il levait les pieds, ses souliers devenaient de plus en plus lourds et s'embourbaient quelques millimètres de plus à chaque enjambée. Des sables mouvants, se dit-il, ce serait l'idéal. Je m'enfoncerais lentement dans la terre de l'île, la fille ne ferait rien pour me sauver et j'en aurais fini avec ce maudit livre. Qui sait, une fois les premières couches de boue traversées, on atteint peut-être le fleuve en dessous, et puis le roc du lit et le magma par la faille de Logan. On arrive au centre de la terre, on brûle, mais le spectacle au moins en vaut la peine.

Son pied buta contre une forme blanche. Partout autour, il y avait de petits éclats bleus, comme des bijoux égarés qui brillaient dans la lumière basse. Il se pencha et saisit l'objet blanc. Il enleva la couche de glaise qui cachait la moitié de l'objet et resta stupéfait. C'était une tête de poupée de porcelaine, fragile, émouvante, avec des pommettes délicates et un front bombé d'enfant. Quand il ressortit son autre pied de la boue, une deuxième tête apparut dans le bruit de succion, tout aussi belle que la première. Il s'accroupit. Les petits éclats bleus étaient des fragments d'assiettes, avec des bouts de paysages chinois, une jonque, une montagne, un cerisier. Il fit rouler une motte de terre et vit dépasser le chalumeau d'une pipe en plâtre, la surface du fourneau finement ouvragée d'arabesques en relief. Derrière son pied, il vit un bouton de manchette.

Il en avait les larmes aux yeux. C'était comme un message que les habitants anciens lui envoyaient, des traces infimes de leur vie qui racontaient chacune une histoire. La première tête de poupée, tiens, c'était Aurélie qui l'avait laissée tomber. La poupée s'était défaite, la couture qui en enserrait le cou et le liait à la robe avait été arrachée par ses chamaillages avec son frère Augustin. Et maintenant il faisait nuit, on ne voyait plus rien et son père allait labourer ce bout de champ demain. Quand Aurélie revint à la maison, elle pleurait. Sa mère la gifla parce qu'elle était en retard pour apporter le lait et qu'elle était restée dehors malgré l'obscurité. Aurélie ne dit rien. Le lendemain, voyant qu'il était trop tard et que son père avait déjà retourné le champ, Aurélie avait pris un caillou, l'avait peint en blanc et accroché tant bien que mal au col déchiré de la robe. Elle garda toujours sa poupée rafistolée cachée sous son lit ou blottie contre elle. Personne ne sut jamais que la tête avait été perdue.

La deuxième tête trouvée dans le champ était restée fixée à sa robe d'origine jusqu'à ce que le tissu pourrisse et se désagrège. Après deux cents ans, il ne restait que la porcelaine. La poupée n'avait pas été perdue, elle avait été jetée là par dépit quand la fille d'Aurélie, Marguerite, avait été forcée d'épouser un veuf de Beaupré, plus âgé qu'elle de vingt-cinq ans. Ce jour-là, Marguerite avait décidé que son enfance prenait fin, de même que tous les rêves qui allaient avec. Elle avait jeté sa poupée et le livre de Paul et Virginie qu'elle relisait sans cesse : « Sur le côté oriental de la montagne qui s'élève derrière le Port-Louis de l'Île de France, on voit, sur un terrain jadis cultivé, les ruines de deux petites cabanes. » Le livre avait pourri comme la robe de la poupée et il aurait fallu un archéologue chimiste pour en trouver quelque trace.

La pipe de plâtre, c'était un jour où Jean-Baptiste Nadeau s'était étouffé en inhalant le mauvais tabac qu'il avait dû acheter cette année-là, faute de bonnes récoltes. La pipe avait cassé, sa femme lui disait sans cesse qu'il en mordillait trop fort l'embout et que les sifflements de jus de pipe bouillant dans le tuyau l'agaçaient. Le bouton de manchette appartenait au grand-père de Jean-Baptiste. Le curé disait qu'il ne fallait jamais labourer son champ un dimanche, que le blé qui pousserait à la suite de ce travail appartiendrait au diable et ferait crever le ventre de ceux qui le mangeraient. Ce dimanche-là, peu après l'aube afin que personne ne le voie, François Nadeau avait sorti son cheval et essayé de terminer le bout de champ qu'il avait défriché l'année dernière. Il avait enfilé son habit du dimanche, afin d'aller directement à la messe sans passer par la maison, mais la bride du cheval s'était enroulée autour de sa manche et avait arraché le bouton, qui était tombé sur la langue de terre que la charrue retournait. François avait eu beau gratter la terre de ses ongles, il n'avait jamais trouvé le bouton. Il était arrivé en retard à la messe, le curé l'avait longuement regardé du haut de sa chaire, fixant, pensait François, la manche ouverte de son bras comme s'il y lisait le péché.

Marc-André se précipita vers la fille pour lui montrer sa découverte, portant les fragments dans le creux de ses bras joints comme on porte un bébé. La fille était assise dans la voiture, avait rallumé la radio et battait la mesure avec sa botte contre le gravier de l'accotement, la portière ouverte. « *Put another dime in the jukebox, baby* », hurlait Joan Jett.

« Je pense que j'ai trouvé quelque chose d'intéressant, dit-il en posant son trésor sur le capot de la voiture. Regarde, des têtes de poupées, une pipe en plâtre, des morceaux d'assiettes. C'est fantastique ! Ça doit dater d'un bail, c'est de la porcelaine ancienne. »

« Ça prend pas grand-chose pour t'impressionner. Des petits bouttes de vaisselle cassée, y en a dans tous les champs ici. On mettait pas des bacs de recyclage dans le temps, on pitchait les affaires brisées derrière la maison, si tu veux savoir. T'es le bienvenu chez nous, si tu veux te mettre à quatre pattes dans la bouette et chercher de la vaisselle cassée, il y en a en masse. »

« Mais tu ne te rends pas compte, c'est toute la vie de l'ancien temps qui est dans ces fragments ! »

« Tu penses pas que, si c'était vraiment important, y aurait des archéologues du gouvernement qui seraient déjà passés et que tout ça, ça serait au musée ? Ils ont même pas trouvé la tombe de Champlain à Québec, alors tu penses, tes bouttes de vaisselle… »

« Mais ça, c'est la vraie vie, c'est le quotidien. Chaque fragment a une histoire. Il va suffire que j'aligne tout ça sur ma table de travail, à côté de mon ordinateur, et chaque morceau de poterie va me raconter sa part du roman. »

« Bon, ça y est, la magie qui revient ! Elle va être vraiment excitante, ton histoire. Aurélie va faire la vaisselle, wow ! Ah non ! Elle échappe une assiette… Elle va-tu se briser en dix ou en vingt morceaux ?!? Voyez la suite de notre palpitante aventure la semaine prochaine, quand Aurélie va en plus ranger sa poupée et papa chercher sa pipe ! Fais des livres de lecture pour enfants, aussi, tant qu'à y être, t'as déjà le texte pour la lettre P. »

Il devait avouer qu'il se sentait ridicule. Cette excitation enfantine qu'il avait éprouvée en trouvant les morceaux, puis en courant les montrer à la fille, qu'avait-elle à voir avec son roman ? Il n'était pas archéologue, mais écrivain, si ce mot avait encore un sens quand on n'écrivait pas. L'archéologue reste archéologue même quand il ne creuse pas, mais un écrivain sans écriture n'est rien. Quand on ferme les yeux, il n'y a que des images, jamais des mots. Cordonnier, archéologue, amoureux, le réconfort des images est toujours là pour nous assurer qu'on est vivant et qu'un soulier, un tombeau hittite, un visage de femme existent en dehors de nous. Mais pas les mots. Tout le monde sait écrire, dans nos pays du moins. Tout le monde, une fois à l'école, a eu à rédiger une composition sur ce qu'il avait fait pendant les vacances. Un écrivain sans romans, ce n'est qu'un vieil enfant prétentieux qui pense pouvoir mieux raconter ses vacances que les autres.

« D'abord, poursuivit la fille, la vie de l'ancien temps, c'est pas ce que t'as trouvé. Ce que t'as trouvé, c'est ce qui dure, ce qui pourrit pas. Ça m'a toujours fait rire les émissions à la TV où ils faisaient tout un plat d'un boutte de pierre usée. J'imaginais l'homme-singe qui frottait sa pierre sur un cadavre de mammouth, la baboune avancée pis les poils de nez qui lui descendaient jusqu'aux orteils. À côté, j'en voyais un autre faire une cathédrale de plumes ou de bâtons de popsicle, toutes des affaires qui vont pas durer, et je pensais : "Mes pauvres amis, devinez lequel va passer à la TV dans cent mille ans et se prendre pour notre grand-père." »

Mais qu'est-ce qu'elle me veut, cette fille ? pensa-t-il. On dirait qu'elle cherche à détruire la moindre idée qui me ferait avancer, qu'il y a un combat à mort entre elle et Aurélie, que seule une des deux peut survivre, comme dans les westerns. « *This story ain't big enough for the both of us* », dirait le personnage le plus patibulaire en crachant, serrant de l'autre côté les lèvres sur son cigare cheap. Il savait que cela était possible dans la fiction, il avait senti parfois des personnages se battre en lui pour obtenir un meilleur rôle dans son histoire. Tranquillement, au fil des jours, l'un d'entre eux s'était amenuisé dans sa tête et avait cessé d'exister, les détails de son physique, de son comportement, de sa fonction dans l'histoire s'estompant peu à peu. Il soupçonnait que les fantômes de ces personnages disparus réapparaîtraient dans d'autres personnages qui allaient survivre, faisant naître ici et là des détails saugrenus qui surprendraient les lecteurs qui n'avaient pas connu ces premiers personnages. Parfois, quand il lisait, il avait l'impression de voir ces fantômes et il avait pensé écrire aux auteurs pour leur demander s'il avait deviné juste. Avec les ordinateurs, on perdait les ratures et les versions avortées des manuscrits anciens, qui permettaient avant de détecter ces fantômes.

Il n'avait cependant jamais pensé que ces combats

de personnages pouvaient se faire entre une fille vivante et une fille inventée. C'était pourtant ce que cette fille semblait vouloir faire, détricotant chaque fil qu'il s'échinait à tresser, comme si elle allait devoir épouser un prétendant grossier le jour où la courtepointe serait terminée. Que craignait-elle ? De disparaître le jour où le livre serait imprimé ? De passer pour moins vraie aux yeux des lecteurs que son double inventé, cette Aurélie Nadeau dont il ne savait toujours presque rien à part la beauté dans l'encadrement d'une porte ? Si les romans historiques ne sont que du romantisme et le romantisme de la nostalgie et la nostalgie une façon pour les riches de freiner ceux qui poussent trop fort le présent, avait-elle raison de vouloir tuer Aurélie ?

Pourquoi écrire sur les années 1700 ? pensa-t-il. Parce que le mouvement des robes et l'éclairage des chandelles sont plus jolis ? Alors, pour être honnête, il fallait mettre aussi l'odeur du pot de chambre et celle des torchons que s'attachait Aurélie entre les jambes les jours de menstruations. Dans les romans, il y a toujours plus de sexe et moins de visites aux toilettes que dans la vraie vie, mais dans les romans historiques, le mensonge était encore plus grand. Molly Bloom soliloquant dans sa tête entre deux « yes » sur quarante-cinq pages sans ponctuation, voilà qui était nouveau mais tout de même aussi mensonger. Alors, pensa-t-il, si ne n'est pas vraiment le XVIIIe siècle que tu veux décrire, qu'est-ce que c'est ?

La tête lui tournait. Voulait-il, oui ou non, écrire

ce roman ? Qui l'en empêchait ? Cette fille ? Aurélie Nadeau ? Lui-même ? Il fallait faire un grand ménage là-dedans. Il y aurait peut-être des victimes, des choix difficiles, des personnages éliminés, des rêves abandonnés. Mais tant pis.

Il regarda la fille droit dans les yeux. Elle sentit que quelque chose n'allait pas, qu'une limite venait d'être dépassée. Elle prit de nouveau conscience de sa vulnérabilité. Elle était seule sur une route déserte de campagne avec un gars qu'elle ne connaissait pas et qui montrait tous les signes de la bizarrerie, entre ses idées de roman et son excitation d'enfant pour les petits bouts de porcelaine. Le calme avec lequel il avait affronté les Américains était étrange, lui aussi, et ne cadrait pas avec le personnage, hésitant, gêné. Tranquillement l'amener dans un lieu public, sans qu'il se rende compte de la manœuvre, voilà la règle des filles inquiètes qu'on lui avait enseignée. À moins qu'elle ne puisse l'assommer. C'était courir un risque. Elle devait trouver l'objet contondant du crime, une pierre, la portière de la voiture. Même si elle n'était pas certaine d'être en danger, il vaudrait mieux se poser la question après, devant la police, quand le gars se réveillerait avec un mal de bloc et qu'elle devrait s'excuser. Plus de gars assommés pour rien et moins de filles mortes dans des fossés, c'était un marché acceptable. Il faudrait surveiller les occasions, attendre que le gars ait le dos tourné. Pas dur avec quelqu'un comme lui, elle n'aurait qu'à le faire marcher dans le champ et se pencher sur un bout de poterie, pendant qu'elle saisirait une pierre. Mais marcher dans le champ avec lui, n'était-ce pas se mettre exactement dans la situation que ces gars-là voulaient ?

Son détecteur de gars bizarres n'arrivait pas à se faire une idée. Une fois, à la sortie d'un bar, elle avait accepté d'aller se promener la nuit dans le parc de la citadelle. Elle avait un peu trop bu, son jugement s'était émoussé. Au bout d'un moment, elle trouvait que le gars longeait un peu trop les fossés des murailles. Il est vrai qu'il avait bu, lui aussi, et cherchait à lui montrer qu'il pouvait marcher en équilibre aux endroits les plus dangereux. Pourquoi les gars s'imaginaient-ils que pour impressionner une fille il fallait risquer sa vie, conduire à cent soixante à l'heure ou grimper sur les poutres du pont Pierre-Laporte, c'était un mystère. À un moment donné, le gars avait commencé à l'embrasser, en lui coupant tout chemin autre qu'un recoin de muraille bordé de fossés. Il avait mis sa main sous son chandail et tenté de la glisser sous le soutien-gorge. Si la possibilité de coucher avec ce gars-là était dans l'air quand elle avait quitté le bar, elle trouvait maintenant que sa respiration était un peu forte et pas seulement trop nasale à cause de l'alcool. Il y avait une excitation autre que sexuelle dans cette respiration et un regard d'où était exclue la gratitude mendiante habituelle des gars qu'on laisse vous caresser. Elle avait feint l'excitation, lui avait touché l'entrejambe et avait découvert avec étonnement qu'il n'était pas bandé, ce qui lui avait semblé encore plus inquiétant. « Vite, on va chez moi, lui avait-elle dit, c'est juste à côté sur la rue Sainte-Geneviève, j'en peux plus d'attendre, je veux te toucher partout ! » Elle l'avait pris par la main et s'était mise à dévaler la pente de gazon. Pourvu qu'il y ait quelqu'un dans la rue en bas, avait-elle pensé, et, par chance, elle avait vu vers l'église du Sacré-Cœur un couple qui descendait d'une voiture. La femme rangeait son cellulaire et la fille s'était précipitée vers elle pour lui demander d'appeler un taxi. La femme avait tout de suite compris que quelque chose clochait, d'autant plus que le gars de la citadelle avait lâché la main de la fille et bifurqué quand il s'était rendu compte qu'elle tentait de rejoindre le couple. « Laisse faire le taxi, je vais te reconduire moi-même », avait dit la femme, et elle l'avait menée jusqu'à l'île d'Orléans. Tout le long du parcours, la femme lui avait raconté ses nombreuses alertes à elle et les histoires toutes plus horribles les unes que les autres qui étaient arrivées à ses amies. Jusqu'à celle qui s'était fait tuer dans un parking parce que ce soir-là, pour la première fois de sa vie, elle n'avait pas suivi la règle et avait marché seule jusqu'à sa voiture au lieu de s'y faire conduire par sa copine. Comment peut-on s'amouracher de ce peuple d'animaux, pensa-t-elle, comment peut-on être certaine que l'homme avec lequel on est n'est pas, ouvertement ou en secret, une de ces bêtes féroces ? Est-ce que même le plus innocent d'entre eux, le plus bénin sur un siège de voiture à côté de soi, n'a pas essayé ou imaginé, à un moment ou l'autre de sa vie, de prendre de force ce qui se dérobait à lui ? Il suffisait peut-être du bon moment ou de la bonne victime, d'une fille qui paraissait un peu plus faible ou jeune qu'elle n'aurait dû paraître ce jour-là ?

Faible ou jeune, se dit-elle, ça je peux le contrôler. L'endroit, le moment, c'est moins sûr. Il faut que je sacre mon camp d'ici. Elle regarda Marc-André dans les yeux, sans l'ombre d'une ambiguïté, avec, espérait-elle, l'éclat glacial de l'iris et les pattes-d'oie désabusées de Clint Eastwood disant : « *Make my day* ».

« Bon, on y va-tu, à la rue Saint-Jean ? dit la fille calmement. Je te paie un verre pour te remercier pour le lift. »

La pluie avait repris. Comme tous les postes de rock rétro quand il pleuvait, CKMP jouait *Riders on the Storm*. Le bruitage du tonnerre et de la pluie, le piano électrique de Ray Manzarek qui imitait la chute des gouttes, tout s'accordait avec le temps dehors, rythmé comme il le fallait par le frottement des essuie-glaces. Cent mille radios dans cent mille voitures dans toutes les zones pluvieuses de l'Amérique avaient en ce moment le même mouvement d'essuie-glaces qui battaient la mesure de la même chanson. Il y avait de quoi se tirer une balle, pensa Marc-André.

Va pour l'orage, mais ce que la fille ne devait pas écouter, c'étaient les paroles. « *Killer on the road... if you give this man a ride, sweet family will die.* » Elle aurait peur. Une fille seule, c'est comme un vieillard la nuit qui se promène avec des billets de cent dollars qui lui sortent des poches. Dans nos pays, le banditisme de grand chemin a été éradiqué depuis longtemps et on peut conduire une voiture sur une route déserte au milieu d'une forêt sans courir le risque qu'une meute de brigands surgisse du bois et vous dévalise à la pointe du couteau. Mais pour une fille seule, les rues des villes paisibles la nuit, les stationnements couverts, les voitures, les arrêts d'autobus sont aussi dangereux qu'une ruelle de ghetto américain ou un col de montagnes tchétchènes. Tous les hommes sont-ils des violeurs, se demanda-t-il, qui n'attendent que la conjonction de l'endroit parfait et de la fille à la faiblesse désirable ?

Il se souvenait de cette mode des jupes courtes, des vestes de cuir clouté et des Doc Martens qui avait fait fureur il y a quelques années. Il en avait été troublé, comme si l'invite des longues jambes dénudées cachait la promesse d'une punition, un défi lancé à tous les regards d'hommes : « Regarde bien mes cuisses, mon cochon, et si tu t'avises de toucher, tu vas manger un de ces coups de botte dans les schnolles ! » À cette époque, il ne manquait aucun spectacle de Louise Lecavalier. Ses virevoltes, ses bottes, ses cheveux platine, ses mollets musclés le fascinaient. Il s'assoyait aussi près que possible de la scène, pour entendre ses ahans et le frottement des bottes sur le bois, le souffle lourd de ses rares moments de repos, tous ces sons qui ne devraient pas faire partie du spectacle et qu'il aimait plus que tout, comme s'ils n'appartenaient qu'à lui. Lecavalier lui faisait peur, elle était un type de femme à qui il n'aurait jamais osé parler et qu'il pouvait enfin approcher en payant, séparé par trois rangées de sièges. Payer pour voler le souffle d'une femme, pensa-t-il, il n'y a que moi pour faire de la danse une forme de prostitution.

La voix de la fille, tout à coup enjouée, le tira de ses pensées. « Je suis sûre qu'il va être bon, ton roman. Tu connais-tu la librairie Pantoute, sur la rue Saint-Jean ? C'est la meilleure à Québec, tout le monde va là. Ça va être cool, le jour de ta séance de signature, je vais pouvoir dire à mes amies que je te connais et que je t'ai aidé à faire la recherche pour ton roman. Une fois, je sortais du Barbar et j'ai vu une foule devant la librairie. Je suis allée voir. Il y avait un petit monsieur à lunettes assis à l'intérieur devant une grosse table avec des piles de livres, l'air doux et très gêné. J'ai demandé qui c'était, ils m'ont dit Pilon ou Poulin ou Pouliot, je me rappelle plus. En tout cas, il avait l'air d'avoir envie d'être ailleurs, le pauvre petit monsieur, mais toi, je suis certaine que tu ferais mieux ça ! »

Il ne répondit pas. Il était bien loin de la séance de signature.

« Tu m'as pas dit c'était quoi le sujet de ton roman, à part les rêves ratés et Aurélie dans la scène de party et le gars au début qui a peur des chiens. »

Il s'étonna du changement de ton de la fille, qui de mordant était devenu doucereux. Il se tourna. Elle avait de grands yeux ronds mimant l'intérêt et la tête penchée dans un angle d'écoute qui rappelait vaguement les chiens cute dans les films de Disney.

« Ah bon ! ? ! Tout était niaiseux tout à l'heure, dit-il froidement, et tout est intéressant maintenant ? Qu'est-ce que t'as mangé depuis le moment où je me promenais dans le champ avec mes "bouttes" de vaisselle ? »

« C'est vrai que j'étais un peu baveuse. Je t'ai pas laissé t'expliquer. Je sais pas, c'est peut-être comme les gens des autres pays qui veulent pas se faire photographier par les touristes. T'es là, tu fais juste vivre et y a quelqu'un qui passe et qui trouve ça pittoresque et qui veut en faire une thèse ou une émission de TV. Mon père, quand il y avait eu les films sur l'île aux Coudres dans les années soixante, il me disait que ça l'avait bien fait rire. "Amènes-en des gars de l'ONF, m'a leur raconter ce qu'ils veulent entendre. Ah oui, monsieur, ici sur l'île, on chassait l'outarde avec des javelots, c'est une vieille technique gauloise ! Mon grand-père les fabriquait lui-même, les javelots, avec une sorte de quenouille ben dure qu'il faisait pousser juste pour ça." On vient tannés d'être pris pour des gardiens du patrimoine. Si nous, on met du clapboard et des antennes de TV sur nos maisons, les touristes sont choqués. Ils veulent qu'on repeinture nos beaux madriers pièce sur pièce tous les deux étés et qu'on regarde la neige à la TV, pendant qu'eux ils ont des piscines en vinyle et des soucoupes satellites. Pis le jour où ils se tannent de leur confort et qu'ils veulent faire un petit tour dans le passé, ils viennent faire un tour chez les colons. Je voulais pas t'agresser, toi. T'es ben plus fin que le touriste moyen, tu m'as donné un lift. Habituellement, leurs chars sont remplis de matantes et d'enfants et ils ont pas de place pour une pouceuse. Et même s'ils en avaient, c'est des téteux qui embarqueraient jamais quelqu'un au cas où leurs tapis en caoutchouc se feraient salir. T'es correct, toi. Je te paye même deux bières quand on sera rendus dans le Vieux-Québec. Faudrait pas trop tarder, d'ailleurs. »

La fille fit une pause, contente de si bien marcher sur le fil qu'elle avait tendu entre cette route déserte et la rue Saint-Jean.

« Alors, cette histoire ? »

La pluie avait de nouveau cessé. Une brume, d'abord effilochée, puis plus épaisse, montait du fleuve. Un de ses plus beaux souvenirs, pensait la fille, était cette fois où son père l'avait emmenée en hiver sur le traversier de Lévis. Il n'y avait personne, on était en milieu d'après-midi. Le temps était étonnamment chaud ce jour-là, elle avait pu persuader son père de sortir sur le pont du bateau. Le brouillard était tellement épais qu'on ne voyait pas à dix pas. Le traversier devait actionner sans arrêt sa corne de brume pour éviter les collisions. On aurait dit qu'il était perdu et appelait à l'aide. Le brouillard renvoyait tous les sons et les amplifiait. Les glaces qui se brisaient sous la coque du traversier avaient un bruit soyeux, et pourtant, chaque bloc qui glissait sous le bateau semblait monstrueusement épais. La fille fut tout à coup frappée par l'hostilité du monde, le poids écrasant des glaces, la froideur du fleuve qui l'engourdirait en trois secondes si elle y tombait, la terreur aveugle du brouillard d'où pouvait à tout moment surgir un cargo qui couperait leur traversier en deux. Elle s'était collée contre son père, qui avait posé sa main sur ses cheveux, près de l'oreille, et la chaleur de la salle des passagers qu'elle voyait au travers des vitres lui avait paru rassurante. Elle était restée sur le pont pendant tout le trajet, malgré le vent. La jambe de son père, la vue d'un siège chaud, cela lui suffirait toujours pour affronter le pire, s'était-elle dit ce jour-là.

Quatre ans plus tard, la jambe de son père avait été sectionnée par un tracteur. Elle n'avait jamais osé se blottir contre la prothèse qui avait remplacé la jambe. Quant aux sièges du traversier, ils lui semblaient maintenant remplis de gens antipathiques et bavards chaque fois qu'elle prenait le bateau. Elle restait sur le pont pendant toute la traversée, qu'il fasse froid ou chaud. Elle avait trouvé un coin à l'abri du vent, où les vibrations des machines avaient l'effet rassurant que la vue des sièges n'aurait jamais plus.

« Tu parlais de tout recommencer, de rêves grandioses qui finissent tout petits... » Il était impressionné. Elle se souvenait d'une phrase qu'il avait dite tout au début, une phrase qu'il n'était pas sûr de comprendre lui-même. C'est un risque qu'il faut accepter, pensait-il, celui du charabia, parce que là d'où viennent les mots, il n'y a pas de lumière. En Chine, les pêcheurs utilisent des cormorans apprivoisés pour aller chercher les poissons dans les profondeurs. Les oiseaux ramènent toutes sortes de proies merveilleuses qu'on ne peut pas trouver autrement, mais aussi des choses immangeables, des algues, des menés, des sacs à ordures. On ne sait jamais ce que l'oiseau va ramener, mais il faut le laisser plonger où il veut. Marc-André avait souvent pensé qu'écrire, c'était faire plonger des oiseaux dans un fond obscur d'où tout pouvait surgir.

« Oui, enfin, c'est l'histoire d'un gars qui pensait

aller ailleurs », dit-il en choisissant ses mots. « C'est pas ici sur l'île, ni même en Nouvelle-France, qu'il voulait aller. Souvent, je me dis que ça ne se peut pas que nos ancêtres aient voulu venir ici, qu'ils ont dû se tromper. Ou bien ils se sont fait fourrer, ou bien ils ont pris un mauvais tournant quelque part. On a dû leur mentir. Mon histoire, c'est celle d'un gars qui rêve de Compostelle, de l'Espagne et de l'Eldorado qu'il y a au bout de la mer pour les Espagnols. Santiago de Compostela, c'était un des plus célèbres pèlerinages de l'ancien temps. Les gens partaient à pied de tous les pays d'Europe, ils traversaient la France et passaient les montagnes, les Pyrénées, par les mêmes cols qui sont dans la *Chanson de Roland*. Là, ils marchaient vers l'ouest de l'Espagne, derrière les monts Cantabriques, pour voir le tombeau de l'apôtre Jacques, dont on disait qu'il avait échoué là en bateau après la mort du Christ. Les pèlerins avaient une coquille fixée à leurs vêtements pour les identifier. C'est pour ça que Shell a un coquillage comme symbole, pour rappeler le temps des voyageurs, et c'est pour ça que la coquille s'appelle « Saint-Jacques ».

« Ben, tu vois, on apprend des choses utiles avec toi ! Je verrai plus jamais un garage de la même façon. » Il ne savait pas si la fille se moquait de lui ou faisait enfin un effort pour être gentille.

« Mon personnage, il habite en France le long du chemin de Compostelle, près d'Angoulême. Chaque année, il y a des pèlerins qui passent chez lui. Ses parents leur vendent de la nourriture. Ils en donnent parfois à ceux qui font trop pitié et les laissent dormir dans la bergerie, réchauffés par les moutons. Toute son enfance, mon personnage a entendu les pèlerins parler de la magnifique église que les Galiciens ont bâtie sur le Champ de l'Étoile, le Campus Stellæ de Santiago, plus belle que Saint-Front de Périgueux, qu'il a vue une fois, avec ses dômes étincelants comme ceux de Byzance et de Venise. Chaque fois que la nuit est claire, il regarde la traînée de lait dans le ciel au milieu des étoiles, il se demande de quel lait il s'agit, celui de la Vierge pour son Petit ou celui que Dieu avait offert à Moïse avec le miel de la Terre promise. Mon personnage, Joseph-Ozanny Nadeau, c'est son vrai nom, celui de mon ancêtre, il regarde au bout de cette Voie lactée et il imagine le pays merveilleux qui commence au pied des étoiles, cette Espagne qu'on dit riche des mille galions d'or du Nouveau Monde. Un jour, un de ces pèlerins lui parle de l'Eldorado, le Roi Doré qui plonge chaque année dans un lac, couvert de poudre d'or, un lac qui au fil des ans doit bien ressembler à de la pâte à pain jaune, comme le pétrin que sa mère travaille de ses gros doigts arthritiques en ajoutant de la farine à l'eau. L'homme qui a peur des chiens, Arnaud, c'est lui qui parle de l'Espagne à Joseph-Ozanny. Aurélie, ce sera sa fille. Elle va naître ici, sur l'île, plus tard dans mon histoire. »

« C'est une drôle d'idée, ça, qu'il soit ici par erreur, ton ancêtre, dit la fille. T'es pas fier de où t'es né ? »

« Écoute, tu me dis toi-même que tu ferais n'importe quoi pour sortir d'ici, que tu étouffes sur ton île à touristes. Je te fournis un alibi, je te dis que ce n'est pas toi qui as tort, que ce n'est pas étonnant que tu ressentes ce que tu ressens. Pour Joseph-Ozanny, ça ne se peut pas qu'on vive ici parce qu'on y a rêvé. Cette île, au mieux, c'est un bateau qui va tôt ou tard casser ses amarres et repartir pour la France. »

La fille se souvenait que son grand-père lui avait un jour raconté quelque chose de semblable, que l'île, il y avait de cela très très longtemps, était effectivement un bateau, mais qu'une histoire de meurtre entre deux frères l'avait fait échouer ici, coincée sur les hauts-fonds. Tous les marsouins du fleuve n'avaient rien pu y faire, qu'on avait harnachés à des câbles pour tenter de dégager le bateau des hauts-fonds. Avec le temps, les herbes folles et les arbustes ont envahi la coque du bateau, mais on disait que si l'on creusait assez, on frappait tôt ou tard l'immense charpente de bois, qui reposait sur le sable.

La fille ne dit rien et regarda la route. On n'y voyait plus à dix pas. Le brouillard était si dense qu'on en sentait l'humidité même à l'intérieur de la voiture. La fille baissa sa vitre. Comme sur le traversier, les bruits rebondissaient d'une gouttelette à l'autre et créaient d'étranges illusions. On entendait les cloches d'une église comme si elle était juste à côté. Des meuglements semblaient venir du ciel, comme si des vaches s'étaient mêlées aux outardes. La fille pensa que la voiture allait un peu vite pour ce genre de temps, et que cet écrivain raté de la ville ne devait pas être habitué à de tels brouillards marins.

La courbe apparut sans prévenir, cachée par la brume. Il freina, mais trop tard. La roue avant droite glissa lentement au-dessus du fossé, en hésitant, comme si, tout danger écarté, la voiture s'était soudainement souvenue d'un rebondissement du scénario. Il vit la scène au ralenti et s'imagina qu'ils basculeraient dans la mer et qu'ils seraient noyés. Il tourna à toute vitesse la poignée de sa vitre, pour pouvoir s'échapper, mais la voiture s'immobilisa, dans un drôle d'équilibre.

« Ahhhh, mais qu'est-ce que j'ai fait au bon Dieu pour mériter ça ! » cria la fille en se prenant les cheveux. « Il nous a crissés dans le fossé, maintenant. » Elle avait une drôle de façon de dire « fossé », en remplaçant l'accent aigu par un grave. Pas vraiment le temps de discuter prononciation, pensa-t-il. Ta malédiction des voitures vient encore de frapper.

Il ne s'était jamais senti à l'aise au volant. Il avait passé son permis tard, à vingt-huit ans, et n'avait jamais eu de voiture à lui. Chaque fois qu'il en louait une, il remerciait le ciel que le préposé ne sût pas lire dans les pensées, sinon le coût de l'assurance se serait multiplié par dix. Une fois, quand l'indicateur de température était monté trop haut, il s'était arrêté au bord de l'autoroute, avait dévissé le bouchon du réservoir d'huile, constaté que celui-ci n'était pas plein et versé dedans un litre d'eau en pestant contre ce damné locateur de voitures qui négligeait ses radiateurs. En redémarrant, il avait tout à coup eu un doute et avait pris la première sortie, heureusement très proche, pour s'arrêter au garage. Le mécanicien s'était étouffé de rire, il avait appelé les pompistes et la caissière et avait vidangé l'huile en le félicitant de sa chance. « On verrait la fumée noire de ton moteur brûlé d'icitte à la Gaspésie si tu t'étais pas arrêté tout de suite ! »

La fille était sortie de la voiture en claquant la portière. « Ça se peut-tu !!?? Non, mais, on ralentit dans la brume, niaiseux ! T'as jamais vu ça ?? » Elle parut tout à coup se rendre compte qu'elle était encore plus vulnérable au bord de cette route, perdue dans le brouillard. La rue Saint-Jean était de plus en plus loin, pensa-t-elle. J'aurais dû comprendre tout de suite ce qui m'attendait quand ce gars-là a failli prendre le champ pour m'embarquer. Une fille seule sur le pouce, tu décides immédiatement si tu la prends ou pas. Le nerf qui se rend des yeux aux freins chez un gars normal est pas mal court dans ces temps-là. Les dangereux, c'est toujours ceux qui pensent. « J'la prends-tu, j'la prends-tu pas ? Ma femme va-tu s'en rendre compte ? La fille va-tu laisser du parfum dans l'air ou une bobépine sur le siège ? Y a-tu quelqu'un qui m'a vu prendre cette fille-là ? » Maudit malade ! Il a zigzagué sur cent mètres avant de s'arrêter pour me prendre, comme si sa jambe trouvait pas la bonne pédale.

« Je suis désolé... »

« Il fallait y penser avant ! » Elle s'efforçait de se calmer. Rien de pire qu'un ego de mâle blessé, pensa-t-elle. Un gars est capable d'étrangler une fille et de l'enterrer dans un champ juste pour pas que ça se sache qu'il conduit comme un pied.

« Bon, on reste pas ici, dit-elle, on frappe à la

ferme la plus proche et on demande que le gars nous sorte de là avec son tracteur. Ils sont habitués à ça, les fermes dans les virages. »

Elle tourna les talons et disparut dans le brouillard. Terrifié à l'idée de rester seul, il la suivit. Il entendait les bottes de la fille sur l'asphalte, mais ne la voyait pas. Les pas semblaient venir tantôt de droite, tantôt de gauche devant lui, selon les mouvements du brouillard. Son visage était mouillé et sec à la fois, comme si l'eau séchait à mesure sur sa peau mais qu'une nouvelle couche mouillée se déposait sans cesse par-dessus celle qui venait de sécher. C'était agréable, comme quand Geneviève l'aspergeait du brumisateur qu'elle utilisait chaque soir, en plus des deux litres d'eau de source sans ozone qu'elle buvait consciencieusement pour ne pas rider.

Le bruit de bottes s'arrêta, remplacé par un grognement de chien. Quelque part dans le brouillard, une queue poilue battait peut-être en signe de bienvenue, mais pour le moment, il percevait seulement le son du chien, sourd et menaçant. Il faillit se mettre à pleurer. Après l'inutilité de ses tentatives d'inspiration, les Américains, le fossé, l'agressivité de la fille, puis sa disparition dans le brouillard, c'était trop. Il se retrouvait dans son propre début de roman, perdu sur une route de campagne à pied, poursuivi par un chien.

Il pensa appeler la fille, mais se dit que le chien le trouverait alors plus facilement. S'il arrêtait, se faisait tout petit et restait silencieux, le chien n'allait peut-être pas rappliquer. Il risquait de perdre la fille, cependant, et comme il ne savait déjà plus où était sa voiture, il serait vraiment perdu. Pas de panique, pensa-t-il, tu n'es pas au milieu de l'océan, tu es sur une toute petite île, tu ne peux pas aller bien loin.

Il entendit la voix de la fille, quelque part sur la gauche. « Tranquille, toi, crisse, j'ai pas besoin d'un niaiseux de chien en plus. » Il y eut un bruit sourd de corps frappé et un jappement plaignard. Les grognements cessèrent. Il se dirigea vers l'endroit d'où la voix de la fille avait semblé venir. Il ne comprit pas tout de suite les formes sombres qu'il vit près du sol.

La fille était accroupie et caressait le chien, qui s'était couché et lui présentait son ventre. « Ben non, c'est correct, mon beau, aie pas peur. Tu me montres tes dents, je te montre mes bottes, c'est fair, ça, non ? Ils sont tous pareils, ils font leur gros méchant et si tu tapes du pied, ils se roulent par terre devant toi ! T'as pas d'orgueil, gros niaiseux, hein ? » Sa voix était affectueuse, comme si elle voulait rassurer un enfant.

Il avança dans le brouillard vers eux. Le chien se remit à grogner et fit mine de se lever. La main de la fille s'accrocha au poil dressé du cou et maintint le chien par terre. « Tout doux, mon beau. Je le connais, lui. C'est un écrivain. En tout cas, c'est pas un pilote de course. Écrivain, je te présente mon ami Lhasso. » Le chien semblait avoir calmé la fille. « C'est lui qui va nous mener à la ferme, hein, Lhasso ! À la maison, mon chien, à la maison ! »

Le chien bondit. Il avançait de quelques mètres dans le brouillard, disparaissait, puis revenait en jappant. C'était comme un jeu pour lui. La fille le caressait chaque fois qu'il réapparaissait. « Envoye, mon chien, à la maison. C'est ça ! » Sauvés par un chien dans un brouillard sur une petite île, pensa-t-il, comme si nous étions dans le Grand Nord, perdus depuis des jours dans la tempête par moins cinquante.

Ils arrivèrent à une ferme. La fille cogna à la porte. Un gros homme se déplaça lentement à l'intérieur de la maison. Il écarta les rideaux, se pencha pour voir qui frappait, puis entrouvrit précautionneusement la porte. « Scusez, dit la fille, on a pris le fossè dans la brume. Je suis la fille de Denis Brodeur, du rang du Mitan. Ça serait-tu possible de nous donner un coup de main pour sortir de là ? Ça sera pas trop dur, y a rien qu'une roue en l'air au-dessus du fossè, les trois autres ont l'air correctes. »

Le gros homme ne dit rien, mais leur fit signe d'entrer. Il disparut dans une chambre. Dans le salon, une télé distillait toutes les dix secondes des rires préenregistrés. Les bouches des personnages s'ouvraient et se fermaient au hasard au gré des répliques. Le doublage avait été vite fait, de toute évidence, et dans un faux accent parisien. Un adolescent était assis tout près de l'écran, comme s'il était sourd et devait suivre attentivement le mouvement des lèvres pour comprendre ce qui se tramait. Sa tête bougeait de gauche à droite pour ne pas perdre les répliques. Il tourna vers la fille des yeux globuleux et vides. Un son vaguement animal sortit de sa bouche. Il hocha la tête en direction de la télé comme s'il prenait la fille à témoin. « Salut », dit-elle.

L'adolescent se leva, se posta devant la fille et se mit à fixer ses lèvres, comme il l'avait fait pour les personnages de la télé. Il était très grand, mais se tenait plié, les yeux à la hauteur de la bouche de la fille. On aurait dit qu'il cherchait à comprendre quelque chose de mystérieux. Il leva la main devant les lèvres de la fille, sembla palper son souffle, puis eut un rire très court, presque un hoquet. Il retourna s'asseoir devant la télé et fit le même geste de la main devant la bouche d'un personnage sur l'écran.

Le gros homme sortit de la chambre. Il avait enfilé une veste, une vieille casquette Massey Ferguson et une paire de bottes. Sans un mot, il leur désigna la porte. Le chien vint tout de suite chercher une caresse de la fille, ignorant le gros homme. « Ça arrive au moins deux fois par année, à cause de la courbe, normalement l'hiver. Vous êtes les premiers à glisser sur de la brume, dit l'homme sans sourire. Ça va être vingt-cinq piasses, pis chu pas responsable des dommages. L'année passée, y a un gars qui s'est mis à chialer parce que mes chaînes avaient égratigné son bumper. J'ai failli y redomper son char dans le fossè, à l'envers. Ils pensent qu'on a juste ça à faire ! »

Il marcha vers son tracteur, s'assura que les chaînes étaient bien dans la boîte arrière et fit signe à la fille de monter. On aurait dit que l'écrivain n'existait pas. La fille lui montra la place à côté d'elle dans la cabine et ils démarrèrent. Le chien courait autour du tracteur en jappant. Le brouillard s'était en partie dissipé. Ils virent la voiture dans la courbe, à quelques centaines de mètres à peine au bout du chemin qui reliait la maison à la route. La roue dépassait à peine de l'accotement au-dessus du fossé. Ce serait une affaire de rien de la tirer de là. Le gros homme fixa ses chaînes à l'essieu arrière et, en une seconde, la voiture se retrouva sur la route.

Le chien sautillait partout en jappant. Un instant, la fille avait craint qu'il ne se fasse écraser par le tracteur tant il insistait pour rester à côté d'elle, le cou collé sur sa main. Pour déplacer les chaînes de la boîte du tracteur à la voiture, le gros homme leur avait donné un mouvement tournant qui avait failli atteindre le chien. Celui-ci avait évité de justesse le métal, la queue et les oreilles basses comme s'il était habitué à ce genre de scène. Le gros l'avait fait exprès, avait pensé la fille. Elle avait suivi l'animal et s'était penchée vers lui pour le rassurer. Le chien avait regardé le gros homme du coin de l'œil, comme s'il redoutait de payer plus tard ce moment d'affection.

Une fois, sur une plage dominicaine, Marc-André avait vu un chien errant, les côtes décharnées, le regard fou de peur et de faim. Le chien ne pouvait s'empêcher d'approcher les humains, comme s'ils étaient la source de toute nourriture. Mais chaque fois qu'un humain faisait mine de s'avancer vers lui, le chien reculait, terrorisé, ne sachant pas s'il allait recevoir des restes de repas ou des cailloux. Compte tenu de sa peur, le chien aurait dû se contenter d'ordures et de poules chapardées, tournant le dos aux hommes, mais il n'y arrivait pas. Les deux messages pathétiques se mêlaient dans sa tête, quémander sa nourriture et craindre d'être battu, sans qu'aucun des deux n'élimine l'autre. Il s'était dit ce jour-là que ce chien allait sûrement mourir.

Quand Marc-André fit démarrer la voiture, le chien se jeta sur la portière du côté de la fille. Le bruit des chaînes jetées par le gros homme dans la boîte du tracteur fit encore fuir l'animal, mais il revint. Il fixait la fille. Elle baissa sa vitre. C'est comme s'il savait que venir avec nous, c'est la seule façon pour lui d'éviter la mort, pensa-t-elle. Comme s'il avait vu sa fin en rêve, un cauchemar de chien qui gigote et gémit, haché par une moissonneuse ou pris dans un collet l'hiver au bout de son sang ou battu jusqu'à ce que son crâne éclate parce qu'il avait laissé fuir une vache ou achevé d'une balle près d'un trou creusé d'avance parce qu'il ne sert plus à rien et boite trop. Acheter ce chien, voilà ce qu'elle devrait faire, pensa-t-elle, mais elle n'avait pas d'argent et le gros homme rirait sûrement d'elle. Peut-être, si elle le demandait à l'écrivain…

Marc-André engagea la voiture sur la route et appuya à fond sur l'accélérateur pour s'éloigner du chien. Il avait peur de l'écraser. La fille sortit sa tête et regarda le chien tenter de les rattraper, puis s'arrêter net sur un cri du gros homme et prendre lentement la direction de la ferme, la queue basse. « *Objects in mirror are closer than they appear* », disait le rétroviseur, et la fille garda les yeux sur cette image rapetissée du chien tant qu'elle le put.

Elle se tourna finalement vers l'écrivain et pensa qu'elle le détestait encore plus que tout à l'heure.

Enfin, au moins, ils avaient quitté l'île. Ils abordaient maintenant la courbe de l'autoroute qui montait vers le coteau et ceinturait de façon si horrible le bord du fleuve, les chutes Montmorency et le panorama de l'île. Il faudrait un jour faire avaler du béton aux ingénieurs coupables de tels crimes, pensa-t-il, comme Crassus à qui on avait coulé de l'or fondu dans la bouche. Du béton, ils en avaient aussi mis tout autour de la rive et des chutes. Ils avaient même construit une bretelle d'accès à l'autoroute en plein dans l'eau, spirale absurde posée sur un remblai.

L'usine de textile qui avait semblé si incongrue à Marc-André lors de son premier voyage ici, il y a vingt-cinq ans, avait été détruite. Il ne comprenait pas pourquoi l'usine avait eu l'air de fasciner ses parents plus que l'énorme cascade. « Wabasso », murmura-t-il. C'était le nom de l'usine et le mot lui avait toujours paru très doux, comme le lapin qui servait de symbole à la marque. Il avait rêvé de dormir dans les draps qu'on fabriquait ici. Il s'était dit qu'on entendrait le bruit des chutes et le souffle rapide des lapins dans les taies d'oreillers, et qu'il pourrait enfin s'endormir sans avoir peur pendant des heures. Mais ses parents n'avaient jamais acheté de draps Wabasso.

Le soleil était tombé sous la couche de nuages gris qui avaient caché le ciel toute la journée. Il se souvenait d'un champ de fleurs jaunes qu'un soleil de fin de journée avait éclairé de la même façon il y a dix ans avec Geneviève. Le gris plombé du ciel d'orage touchait presque l'horizon ce jour-là et le soleil avait éclaboussé d'un coup les fleurs en descendant. Il aurait voulu être un peintre du XIXe siècle pour capter cet éclair jaune fuyant. Il s'était tourné vers Geneviève pour voir si elle était aussi émue que lui, mais elle fixait sa bouteille, préoccupée par le niveau décroissant de son eau de source. « Il va falloir s'arrêter bientôt », avait-elle dit. L'image de ce soleil lui était néanmoins restée dans la tête, comme celle du soleil matinal d'automne dans *Le Temps d'une chasse*, un film qu'il avait vu il y a longtemps. Chaque fois qu'il revoyait ce même alignement du soleil bas dans l'axe des rues bordées d'arbres fatigués d'octobre, il remerciait dans sa tête le réalisateur, qui lui avait enseigné à regarder cette petite chose qui égayait maintenant ses matins d'automne. C'était ce qu'on pouvait espérer de plus beau d'un artiste, une image, une seule, qu'il avait été le premier à nous montrer et qu'on gardait toute une vie et qui nous faisait du bien chaque fois. Merci, Francis Mankiewicz, pour ce morceau de plus du monde, pensait-il ces matins-là.

Il eut envie de s'arrêter aux chutes. À la place de l'usine, on avait construit un centre d'interprétation, avec boutique de souvenirs et téléphérique. Le centre était désert, vu l'heure tardive et la saison, mais le téléphérique s'apprêtait à faire son dernier voyage de la journée. La fille était réticente, elle voulait se rendre le plus vite possible rue Saint-Jean, disait-elle, mais c'était lui qui conduisait, il n'était pas le chauffeur de mademoiselle et ne reverrait peut-être jamais plus une telle lumière. Il paya son billet et monta dans la cabine. La fille lui emboîta le pas en bougonnant. Si le stationnement n'était pas aussi vide, pensa-t-elle, elle aurait trouvé une autre voiture pour l'emmener à Québec. Elle devenait de plus en plus dépendante de ce gars, se dit-elle, et voilà qu'elle s'apprêtait à le suivre sur des rochers escarpés d'où dévalaient des tonnes d'eau, seule au soleil couchant, pour ne pas rester à geler dans une voiture humide au milieu d'un stationnement désert.

On avait aménagé des passerelles sur le roc qui permettaient de s'approcher le plus possible des chutes. Une bruine glacée s'échappait de la cascade. En voyant le rideau d'eau, Marc-André pensa à Tintin qui traversait la chute dans *Le Temple du Soleil* et découvrait de l'autre côté le tunnel conduisant à la cité inca. Enfant, il avait été fasciné par cette image et la possibilité que des mondes secrets existent ainsi partout derrière les écrans les plus anodins. Dans le métro, il regardait toujours la voie de service mystérieuse qui bifurquait dans le noir, à peine décelable. Il s'imaginait un labyrinthe de galeries qui mènerait, comme dans un film de Fellini, à des ruines souterraines, les restes enfin révélés d'Hochelaga, la ville que Jacques Cartier avait visitée, mais dont on n'avait jamais plus retrouvé la trace après. Montréal était une ville amnésique, pensa-t-il, où le village français ne savait pas où était avant lui la bourgade iroquoienne, où la ville anglaise avait effacé le village français et la ville moderne construit ses gratte-ciels en détruisant les palais victoriens des Anglais. « Wabasso », avait-il murmuré comme un Citizen Kane mourant quand le téléphérique l'avait soulevé au-dessus de l'espace maintenant vide de l'ancienne usine.

Il s'avança sur la passerelle au-dessus des chutes. Sa veste de cuir le protégeait des gouttelettes, mais les jeans de la fille étaient comme une éponge. Elle grelottait. Il avait envie de la prendre dans ses bras pour la réchauffer, en faisant de son corps un rempart contre la bruine. C'était pour cela que les amoureux se retrouvaient au sommet des montagnes ou sur des plages, pensa-t-il, pour que les vêtements plus légers des filles les fassent grelotter et que les gars aient un prétexte pour les enlacer. L'infini en prime. « Votre amour, disait le paysage, sera comme le panorama des cimes et l'horizon sans fin de la mer », alors qu'il serait plus juste de faire sa déclaration d'amour devant un lave-vaisselle, où s'enlisera de toute façon le quotidien du couple, entre deux chicanes sur les grumeaux collés aux assiettes et la position correcte des verres pour ne pas qu'ils sèchent avec des taches. Tant qu'à faire échouer dans la vaisselle des mariages célébrés du haut d'un promontoire, pourquoi ne pas inverser le processus? pensa Marc-André. Des rendez-vous galants et des voyages de noces dans des laundromats, et des vieux couples qui passeraient leur temps dans des voitures au clair de lune, le souffle court, les mains furetant sous les vêtements de l'autre.

Elle sentit ce léger mouvement du gars vers elle et s'éloigna. Rien n'est jamais innocent avec un homme, pensa-t-elle. Le moindre effleurement accidentel est tout de suite mal interprété. Dans l'ancien temps, il y avait des manuels d'interprétation des fleurs et des positions des mouchoirs. Un œillet rouge voulait dire l'ardeur et trois tulipes, l'admiration. Le code était clair, objectif et surtout situé en dehors de soi. Depuis, il fallait faire attention au moindre geste inconscient. Les hommes cherchaient un signal dans une main qui rabattait une mèche derrière l'oreille ou replaçait le pli d'une jupe. Ils étaient tous affamés, même si la plupart ne passeraient jamais aux actes. Les rues, le métro, les terrasses, les voitures arrêtées côte à côte au même feu rouge, tout pour eux était un éternel zapping sur toutes les chaînes possibles du monde pour tomber sur un poste porno Harlequin. La plupart du temps pour regarder, pas pour toucher. Il y avait en eux une fébrilité de vérifier que le désir pouvait surgir partout, malgré les règles. C'était rassurant et menteur. Si jamais on les prenait au mot et qu'on leur dise « O.K., on baise là, tout de suite », ils nous accuseraient d'être une folle et une nymphomane. Mais au moins l'idée qu'ils étaient eux aussi conscients, à leur façon tordue, du grand mensonge sur l'ordre rationnel du monde était réconfortante.

Elle était sortie de la zone de gouttelettes et s'était avancée sur une passerelle au bord de l'eau. L'écrivain la suivit. La lumière baissait peu à peu et le coucher de soleil derrière les Laurentides allait être magnifique. Il serait si facile de faire tomber cette fille en bas de la passerelle, pensa-t-il. Un faux mouvement, une tentative pour lui montrer quelque chose au loin qu'elle ne verrait qu'en se penchant, et là, le petit geste de trop, un frôlement du coude. C'était si tentant. Le préposé du téléphérique avait l'air particulièrement stupide, ce n'était pas le genre d'homme à surveiller ses clients avec des jumelles, juste pour s'assurer qu'ils étaient sains et saufs. Quand ils étaient montés dans la cabine, il avait à peine levé les yeux de son cahier de mots-mystère. Il ne se souviendrait même pas qu'ils avaient été ses derniers clients. Pour finir plus tôt, il ferait peut-être redescendre la cabine sans eux et fermerait le système. Tant pis pour cette unique voiture oubliée au milieu du stationnement.

Ce serait si facile, oui, beaucoup plus facile que d'éliminer un personnage fictif d'un roman. Si je tuais Aurélie, pensa Marc-André, sa mémoire hanterait le manuscrit et peut-être même le livre imprimé, si l'éditeur n'était pas assez habile pour la détecter. Il y avait ainsi de tout petits malaises de lecture dans presque tous les romans, qu'on ne savait jamais nommer et qui venaient de ces personnages supprimés dans les versions successives, mais dont un détail, une assiette de trop sur une table, révèle l'absence en creux. Aurélie avait sa place dans la trame de mon histoire, pensa-t-il, elle n'était pas seulement une personne, mais une fonction, une beauté dans la laideur, une fille née sur l'île d'un père immigrant de France, déçu dans ses rêves, floué par sa naïveté et son analphabétisme. Si j'élimine Aurélie, la haine de Nicolas Truchon pour la laideur de sa femme, son obsession pour le cuissage des servantes, tout cela sera incompréhensible. Alors que cette fille que j'ai prise sur le pouce peut s'en aller comme ça de ma vie, et rien n'y paraîtra. Pour moi, cela ne changera rien qu'elle meure ici ou que je la dépose comme convenu rue Saint-Jean. Je ne la reverrai jamais, peu importe pourquoi. Après l'enquête, qui conclura qu'il s'agissait d'un accident parce qu'il ne peut en être autrement, on ne pousse pas une pure inconnue d'une passerelle, tout sera oublié. La fille manquera quelque temps à sa famille et à son chum musicien, mais son père laissera un jour tomber qu'elle l'avait bien cherché, qu'en descendant tout le temps à Québec sur le pouce il fallait bien qu'il lui arrive un jour malheur. La mère ne dirait rien, enfermée dans une peine trop forte qui ne la quitterait jamais, mais qu'elle ne pourrait pas partager avec son homme.

La cloche du téléphérique sonna pour annoncer le dernier départ. C'était une précaution étrange, qui laissait chaque année plusieurs visiteurs coincés, cette cloche que couvrait de partout le bruit des chutes, sauf lorsqu'on était assez blasé ou peureux et qu'on restait à côté de la cabine. Le préposé en bas referma ses mots-mystère et actionna la commande. Quand la fille vit la cabine se mettre en mouvement, elle courut pour essayer de la rattraper, mais arriva trop tard. « Heye, ostie, c'est quoi l'affaire, maudit mongol ? » cria-t-elle vers la boutique en bas. « On est supposés faire quoi, là ? ? ! ! »

Elle se tourna vers l'écrivain, comme pour voir s'il avait une solution, puis se dirigea vers le long escalier de bois qui longeait les rochers jusqu'au stationnement. « Bon, moi j'en ai ma claque, calvaire ! Le fossé, les chutes, là c'est trop ! J'vas faire du pouce avec les outardes ou les bélugas, mais je sacre mon camp ! »

Elle se mit à dévaler à toute vitesse les escaliers. Ils étaient conçus comme ceux des galeries marchandes, ils prenaient le plus long chemin, celui qui amenait le client devant le maximum de boutiques, avec la verrière lumineuse loin au-dessus de l'espace central, la cascade au bout et les restaurants autour du demi-sol, les tables avec parasols au niveau du stationnement. Comme en bas, près de la boutique du centre d'interprétation.

« Centre d'interprétation ». Marc-André s'était toujours étonné de ce terme qui semblait faire fortune dans les endroits « naturels ». Dans l'Antiquité, on allait consulter la sibylle pour qu'elle nous prédise notre destin, on payait les haruspices pour qu'ils lisent dans les entrailles de taureau. De nos jours, on parcourait les horoscopes de *La Presse*, tous les douze et pas seulement le nôtre, on décortiquait le marc de café, les feuilles de thé, les lignes de la main. Tout cela sans y croire vraiment, comme les agnostiques qui font baptiser leurs enfants, au cas. On interprétait les étoiles, les tripes, les dés, les chats noirs, les baguettes de sourcier, les planches de Ouija, les cartes de tarot. Quels messages mystérieux devait-on maintenant interpréter dans les barrages de castors, les souffles de rorquals, les bruissements des feuilles de saule ? Que savaient vraiment ces naturalistes qui peuplaient les centres d'interprétation, si enthousiastes et jeunes dans leurs sandales à fond moulé ? Qu'il n'y avait pas d'avenir pour nous, justement, que la terre s'arrêterait de tourner et que nous serions tous écrasés les uns contre les autres dans le grand mouvement du freinage, que les animaux s'éteindraient tous bientôt, que les forêts s'embraseraient, que les océans deviendraient des égouts ?

« Centre d'interprétation ». Le préposé avait fermé le néon de l'affiche et coupé le courant dans le panneau de distribution du téléphérique. On voyait les phares de sa voiture s'éloigner vers l'Ange-Gardien. Marc-André suivit la fille. Elle avait quelques volées de marches d'avance sur lui. Quand elle le vit derrière elle, elle accéléra. Le claquement de leurs pas sur l'escalier se synchronisait par bouts, puis se séparait chaque fois que l'un deux atteignait un palier. La fille allait de plus en plus vite, le claquement de ses bottes sur les marches avait quelque chose du flamenco. On aurait dit qu'elle courait pour sauver sa peau, qu'elle était sûre de finir la gorge tranchée si elle ne parvenait pas à donner à ses pas un rythme parfait, les yeux rivés sur les marches pour éviter de trébucher.

Elle n'y arriva pas. Dans une longue descente, l'escalier bifurquait si près des chutes qu'il était mouillé et parsemé d'algues. La fille glissa, tenta de se rattraper, mais tomba lourdement sur le dos. Quand l'écrivain la rejoignit, elle grimaçait de douleur. Elle sentait des picotements dans ses jambes et n'arrivait pas à se relever.

« C'est pas possible, c'est pas possible », gémissait-elle. Marc-André s'agenouilla. « Laisse-moi tranquille, toi ! Touche-moi pas ! J'ai l'impression d'avoir quelque chose de cassé dans le bassin. Ah, pis j'ai brisé mon bracelet, en plus ! » Avec les secondes qui passaient, la douleur devenait moins intense, mais la fille priait pour qu'elle ne disparaisse pas. Elle savait que si le picotement l'emportait sur la douleur et que la première commande de mouvement à ses jambes ne donnait rien, c'était mauvais signe. Elle fit tout pour retarder ce moment. Elle ébaucha d'abord une petite flexion des orteils dans ses bottes. Si rien ne fonctionnait, elle serait la seule à le savoir et aurait un peu de temps pour penser. Les orteils plièrent. La fille se mit à rire, à demi soulagée, et tenta de se relever.

Un élancement brutal monta de son coccyx et irradia tout le long de sa colonne. À moitié tournée sur le côté, la fille ne put s'empêcher d'agripper le bras de l'écrivain. Elle avait mal, point, et peur de retomber dans une position encore plus douloureuse. C'était un bras humain qu'elle agrippait, n'importe lequel, peu importe qu'elle ait fait tout pour échapper à ce gars-là cinq minutes auparavant.

Il n'avait jamais été très utile dans ce genre de circonstances. Une fois, dans un centre commercial avec Geneviève, un vieillard s'était affaissé tout près d'eux sous le coup d'une crise cardiaque. Il n'avait pas su quoi faire et était resté debout, presque aussi inerte que le vieillard, pendant que Geneviève se penchait et donnait au vieux un massage cardiaque et la respiration artificielle. Quand les ambulanciers étaient enfin arrivés, Geneviève lui avait jeté un regard neutre, comme s'il n'était qu'un des badauds que le spectacle avait attirés. Elle avait repris son magasinage comme s'il ne s'était rien passé, mais ne lui avait pas demandé son avis sur la couleur avant d'acheter une nappe de Provence.

Il prit quand même le bras de la fille et essaya de transférer un peu de son poids sur lui-même. La fille avait les yeux fermés et le mauve excessif de son ombre à paupières battait au rythme de sa respiration, comme la gorge tendue d'un lézard. Le noir autour de ses yeux coulait. De petites larmes de douleur descendaient le long de sa joue, laissant un sillon sale.

Il fut pris de tendresse et repoussa la mèche de cheveux qui tombait sur le front de la fille. Elle ouvrit les yeux. Le geste avait été doux, sans ostentation ni insistance, un geste qu'elle faisait souvent elle-même à sa grand-mère quand elle allait la voir au foyer Saint-Antoine. Sa grand-mère avait toujours eu les cheveux longs et, malgré les pressions du personnel, avait toujours refusé de les couper, même maintenant du fond de son Alzheimer. Tous les deux dimanches, la fille allait au foyer, lavait les cheveux de sa grand-mère, les séchait et épinglait ensuite le chignon compliqué qui décorait la nuque de la vieille. La grand-mère ne disait pas un mot, la fille n'était même pas sûre qu'elle la reconnaissait, mais quelque chose dans l'abandon du cou sous le jet d'eau tiède, dans la dignité du port de tête une fois que le chignon blanc, sans aucune trace de jaune, était fixé, lui disait qu'une partie au moins de sa grand-mère savait exactement ce qui se passait. Dans trois ans, quand garde Éthier prendrait sa retraite, la fille savait que le chignon serait coupé, car il n'y aurait plus personne pour tolérer ce luxe dans la routine épuisante du foyer. La fille espérait que sa grand-mère mourrait avant.

La fille posa une plus grande partie de son poids sur le bras de Marc-André et se leva. Elle n'arrivait pas à se tenir droite tant son dos lui faisait mal. Elle s'appuya sur la balustrade. Elle se sentait aussi vieille que sa grand-mère, aussi dépendante. C'était la première fois que son corps la laissait tomber et lui donnait une idée de la vieillesse. Le pire, ce n'était pas la douleur, mais l'absolu besoin d'un autre. Sans l'écrivain, elle n'aurait pu redescendre toute seule. Elle serait restée ici toute la nuit dans l'humidité glaciale et aurait attendu les premiers touristes demain, s'il y en avait en cette saison. Il aurait suffi qu'il pleuve pour que personne ne vienne. Elle aurait beau crier, le bruit des chutes couvrirait sa voix. On la trouverait dans deux, trois jours, morte d'hypothermie. La trahison de son corps l'enrageait, un corps qui n'avait jamais défailli, même lorsque son frère avait tenté de la violer. Un genou dans les testicules et une lampe de chevet dans le visage avaient vite réglé la question. Quand, autour de la table de cuisine, ses parents avaient discuté de l'hospitalisation de son frère à Robert-Giffard parce qu'il venait de tuer une poule, elle avait approuvé d'un signe de tête, mais n'avait rien révélé.

« Il va falloir que tu m'aides, si on veut sortir d'ici avant demain. » Elle s'appuya d'une main sur la balustrade et de l'autre sur son épaule. En grimaçant, elle arrivait à mettre un pied devant l'autre. Il n'était plus question de peur maintenant, de méfiance à l'égard d'un gars qui s'excitait pour de la porcelaine et prenait des filles sur le pouce sur des chemins déserts hors saison, en racontant des histoires plates sur les rêves ratés. Un bras, c'était tout ce que Marc-André était, un bras pour sortir d'ici, pensa-t-elle.

La descente fut longue. La nuit était maintenant tombée et les seules lumières étaient celles de l'autoroute et des villages clairsemés sur l'île et le long des rives du fleuve. La chute grondait derrière eux dans le noir. Un bateau remontait le fleuve et la fille eut presque envie de le héler, comme si elle s'était échouée sur une île déserte. La nuit, parfois, chez elle, elle avait une poussée semblable. Elle regardait les champs par sa fenêtre et se sentait naufragée. Elle se disait qu'un paquebot allait passer, rempli de gens très riches qui buvaient du champagne en smoking et en robe longue décolletée, et qu'ils la prendraient à bord.

Il fit tout pour rester neutre avec son épaule,

retenant l'envie qu'il avait de passer son bras autour de la taille de la fille. Cela l'aurait aidée, par un effet de levier qui aurait amplifié l'allègement fourni par ses bras. Mais un bras autour d'une taille, c'était un geste d'amoureux. Avec Geneviève, il s'était souvent étonné de cet enlacement parfait de leurs bras et de leur taille. Comme deux inconnus dont la première danse collée révèle l'imbrication parfaite, l'exacte compatibilité des odeurs que chacun sent dans le cou de l'autre, il avait été frappé par l'ajustement de son bras à la hanche de Geneviève. C'était quelque chose qu'il n'avait jamais senti avec qui que ce soit d'autre. La différence de taille entre eux, la courbure des hanches de Geneviève, la longueur de leurs bras, la position précise que son pouce pouvait prendre dans la ganse du pantalon, le rythme de leurs pas, tout semblait annoncer entre eux une entente parfaite. S'ils n'avaient fait que marcher, leur bonheur aurait été assuré, pensa-t-il, mais il fallait aussi dormir, faire l'amour, travailler, manger, s'expliquer sans rancune, désamorcer les colères et les silences. Pour tout ça, ils étaient moins doués.

Une bête question d'histocompatibilité, avait-il un jour lu dans un magazine qui traînait sur une table de dentiste. Aussi sûrement qu'une demi-spirale d'ADN reconnaît à sa séquence contraire les nucléotides de sa douce moitié pendant la division des gamètes, nous cherchions tous ce moment fatal où l'odeur de l'autre nous serait révélée. L'instant qui déciderait de notre bonheur ou de notre malheur était celui où nous entrions dans le cercle parfumé de l'autre. Peu importe que nous soyons exactement à l'opposé pour tout le reste, que nous nous entre-déchirions pendant des décennies, que nous ayons envie de hacher l'autre en dés au milieu des navets chaque fois que nous cuisinions, que nous passions de longues minutes sous la douche à imaginer comment faire éclater sa tête sur l'émail, nous étions prisonniers de cette première odeur. Qui n'était même pas une promesse de sexe, mais de complémentarité des gènes immunitaires. L'odeur du cou dans le premier plain cochon n'annonçait pas d'autres parfums plus moites. Elle signalait bêtement, c'était le mot, une future attaque concertée des globules blancs hérités de papa et de maman sur les petits microbes de bébé. Point.

Il aimait bien ces théories qui réduisaient la vie à presque rien. Le mystère, c'était l'importance des illusions qui entouraient ce noyau. Si l'amour était de l'histocompatibilité, la mort un banal festin d'insectes, l'imagination une molécule de phosphate qui sautait entre deux neurones, pourquoi se contait-on alors des histoires si compliquées ? Pour réussir son trille, fallait-il que le merle croie en Dieu comme le croyait Bach, que le goret se pense amoureux de la truie pour pouvoir bander ?

Il n'était pas assez près de la fille pour sentir son odeur. Aucun danger de bébés, pensa-t-il. Que sentait Nicolas Truchon quand il s'approchait de Marie-Madeleine Mauvide ? Un malheur de plus dans cette époque ancienne de peste, de pots de chambre, de dents pourries sans analgésiques, de médecins qui ne savaient faire que des saignées ? Les parents vous promettaient l'un à l'autre, il n'y avait pas de choix, et votre nez découvrait en plus que la brochette immunitaire de l'autre sentait mauvais. Cela n'aiderait en rien la descendance, qui souffrirait de phtisie, de goutte, d'humeurs, mais les parents en avaient décidé ainsi. Un jour, dans le cadre d'une porte, le nez de Nicolas Truchon découvrirait le parfum laissé quelques secondes plus tôt par cette petite servante, cette Aurélie Nadeau qui s'affairait maintenant dans la cuisine. Son nez le mènerait près d'elle, sans qu'il le sache, déguisant en plaisir des yeux ce qui n'était qu'une question de sueur. Une part de lui serait excitée par la différence de classe, qui lui ferait miroiter un pouvoir facile de riche sur elle, en plus de celui des muscles. Nicolas étant faible et un peu stupide, ce cumul d'avantages le saoulerait encore plus que le cidre des Mauvide. Augustin Nadeau aurait lui aussi cette double excitation en frappant Nicolas de sa hache, le plaisir de sa force physique et sa vengeance de pauvre.

Il se demanda pourquoi il pensait au meurtre de Nicolas Truchon en ce moment. Il n'avait plus envie de précipiter la fille dans le tourbillon des chutes, de la voir se briser sur les rochers et rebondir trois, quatre, cinq fois sur le roc avant de sombrer dans l'eau. Il se demandait pourquoi il avait même imaginé cette scène de meurtre entre Augustin et Nicolas, avec Aurélie qui crie et implore son frère de se calmer. Était-ce l'abus de télé et de films américains ? Fallait-il maintenant que toute histoire contienne au moins une scène de meurtre, même celles qu'on invente dans sa tête et que personne n'a encore lues ou regardées ? Le conditionnement était si fort, avait-il un jour remarqué, qu'un Noir qui entre dans un dépanneur dans un film de Hollywood suscite l'attente d'un braquage, suivi du fusil à canon scié que le patron, toujours coréen, sortait pour déchiqueter le voleur. Le policier qui arriverait trop tard serait blanc, il hocherait la tête, et l'honneur de sa race serait sauf parce que le sale travail aurait été fait par un Asiatique, dur à la tâche mais un peu fruste.

« On s'arrête ici, j'ai besoin de souffler », dit la fille. La douleur s'estompait peu à peu et elle voyait venir avec soulagement le moment où elle n'aurait plus besoin d'aide. Appuyée sur la balustrade, elle ne voyait plus le visage de Marc-André tant il faisait noir. Elle aurait aimé qu'il fume, elle aurait pu suivre sa position exacte grâce à la petite luciole rouge de la cigarette. C'était dommage que tant de gens aient cessé de fumer, pensa-t-elle, cela donnait une sorte de radar pour situer tout le monde la nuit. Elle se souvenait des films de guerre où les tireurs embusqués repéraient ces petites cibles incandescentes aussi sûrement que s'ils avaient eu des viseurs à infrarouge. La dernière cigarette du condamné, qui tirait langoureusement sur ce seul moment de détente enfumée, lançait aux tranchées opposées un infime signal rouge et mourait d'un coup, le visage éclaté. Y avait-il eu des suicides programmés dans ces dernières cigarettes, au milieu des rats, des excréments, de la boue, des cadavres et de l'insomnie anxieuse des tranchées ?

Elle n'éprouvait plus ni peur ni agacement devant Marc-André. Elle ne savait rien de lui à part les quelques bouts de roman qu'il lui avait racontés, mais elle ne ressentait plus de danger en sa présence, même seule ici avec lui dans le noir sur une passerelle au-dessus des chutes. De la voiture des Américains à celle qui était coincée au bord du fossé et qui les attendait en bas au milieu du stationnement désert, elle avait vécu une sorte d'intimité avec lui, faite surtout de méfiance et de colère, mais n'était-ce pas déjà quelque chose ? Dans les bars de la rue Saint-Jean, les conversations n'étaient que des façons déguisées d'entrer dans ses culottes. Le temps qu'il faisait, l'île d'où elle venait, son travail à la ferme, les opinions sur la musique bonne ou pourrie qu'on jouait dans ce bar, tout cela n'était que le mouvement du loup tournant autour d'une seule proie, un vagin. Il s'agissait d'essouffler le chevreuil, de le distraire, de se grimer non plus en grand-mère mais en camarade désintéressé. Pour mieux te manger, mon enfant, mais le merle faisait-il autre chose quand il remplissait l'air du matin de ses trilles ? Toute la beauté du monde ne venait que de l'hésitation des femelles. Si, d'un coup, elles se mettaient à dire oui tout de suite, les plumages colorés, les chants, les poèmes, toute cette douceur qui servait d'enrobage à de simples poussées copulatoires disparaîtrait.

Son merle à elle, il n'avait pas eu besoin de plus d'un set de bass pour toucher sa proie. En fait, c'était elle qui lui avait sauté dessus à l'arrière du bar pendant le break. Il n'en croyait pas ses yeux. Les Sizzlers n'avaient pas de groupies. Ils étaient un tout petit band de rien du tout qui faisait des covers dans les bars miteux. Et voilà que cette fille lui avait baissé sa braguette dans un coin noir derrière le bar. Elle avait bu, d'accord, mais c'était quelque chose qu'il n'aurait jamais cru possible, quelque chose qui devait arriver toutes les cinq minutes à Mick Jagger dès qu'il prenait l'ascenseur, allait aux toilettes ou restait dans sa loge à maquiller ses rides. Mais lui, lui ! ? On aurait dit qu'elle avait lu un manuel de groupie, qu'elle s'était dit que le seul moyen de sortir vite de son île, c'était de se trouver un musicien. Pas n'importe lequel, mais presque, et il avait quand même senti chez elle du dégoût quand elle l'avait pris dans sa bouche. Il y avait entre elle et lui ce premier malentendu. Elle rêvait tellement fort pour lui de tournées américaines, elle lui faisait tellement voir clairement quelle devait être la récompense de ses attentions, qu'il n'osait pas lui dire ce qu'il pensait vraiment. Abandonner la bass, fuir à tout jamais la fumée des bars miteux et la puanteur de bière qui ne partait jamais de ses vêtements, aller planter des arbres en Colombie-Britannique ou cueillir des fruits, regarder le soleil se coucher dans l'océan Pacifique sous un grand pin, avec une orque si possible qui sortait des vagues au loin. Et du silence, rien que du silence.

Il ne fallait pas que Marc-André apprenne cette scène du recoin sombre derrière le bar. Les hommes ne comprenaient pas ce genre de choses. Il souffrirait de ne pas vivre cela lui aussi, il ne comprendrait pas que c'était une occasion unique, alcoolique, impulsive, désespérée, dont la fille se souvenait vaguement et avec gêne. Cela, elle ne pouvait l'avouer au musicien. Devant lui, elle était cool et déterminée. Los Angeles ou rien, mais plus jamais le rang du Mitan.

La douleur dans le dos de la fille était maintenant complètement partie. « Ça va mieux, à présent, merci. On peut descendre. » Elle signifia avec ses mains levées que Marc-André n'avait plus besoin de la soutenir. C'est le plus près que nous aurons été, pensa-t-il. Maintenant, la distance ne fera qu'augmenter. On arrivera à la voiture, on partira pour la rue Saint-Jean, je déposerai la fille et je retournerai à Montréal. Et mon roman sera mort, pensa-t-il.

La nuit était si noire qu'ils eurent de la peine à retrouver la voiture. En traversant l'immense stationnement désert, ils sentirent une présence. Quelque chose bougeait dans l'obscurité, un bruissement d'inquiétude, le déplacement de petites pattes, des centaines d'yeux qui sortaient de leur sommeil. L'explosion d'ailes leur coupa le souffle, plus impressionnant encore que celui des oies dans l'île cet après-midi. Une volée de goélands s'éleva dans la nuit, paniqués, agités par mille cris qui ressemblaient à des rires. Chaque soir, au coucher du soleil, ils venaient se poser sur la dune d'asphalte du stationnement abandonné, alignés les uns contre les autres, la tête sous l'aile, l'œil des malheureux insomniaques de la périphérie fixé sur l'ennemi qui pouvait à tout moment fondre sur eux. Au bruit des bottes de la fille, l'alerte s'était propagée d'une aile d'oiseau à l'autre, chacun réveillant son voisin quand il avait levé la tête.

Cela faisait beaucoup d'oiseaux pour une journée, pensa Marc-André. Aurélie y aurait vu un présage.

Trop de plumes blanches, trop d'envols paniqués. Quelque chose en nous leur faisait peur, pensa-t-il, qui allait au-delà de la crainte du loup ou du chasseur. Il avait vécu cette crainte dans ses derniers mois avec Geneviève. Leurs amis les évitaient comme s'ils avaient peur d'attraper une maladie. Ils sentaient le couple pourrissant. L'alternance de rancœur et de silence entre eux était contagieuse. Elle amenait ceux qui les côtoyaient trop longtemps à se poser des questions eux aussi, et après une ou deux soirées d'engueulades, on décidait généralement de ne plus les fréquenter. Cela avait même été un des arguments finals de Geneviève, cet isolement qu'elle imputait à ses ambitions d'écrivain.

Les oiseaux de malheur. En campant son histoire au XVIIIe siècle, il s'était dit qu'il pourrait, à travers ses personnages, vivre plein de sensations qui n'existaient plus pour lui. La superstition des présages, la crainte de Dieu, la peur des récoltes perdues, la résignation d'une femme à sa douzième grossesse, le souffle des bœufs qui tirent la charrue par temps froid, le silence du soir sans ampoule électrique, la mémoire de musiques jamais enregistrées, la perplexité de l'analphabète, la morsure des puces dans les paillasses, les joues empourprées des filles quand un homme leur parlait. Il avait été capable de dresser une liste de toutes ces sensations dans ses calepins, mais pas de les faire vivre dans une histoire qui se tenait. Il savait ce qu'Aurélie, Augustin, Arnaud et Joseph-Ozanny auraient dû ressentir, mais ceux-ci n'avaient rien pu lui expliquer.

À quoi servaient tous ces personnages s'ils ne pouvaient lui murmurer à l'oreille des choses qu'il ignorait ? C'était pour apprendre qu'il avait voulu écrire et pas pour raconter des choses qu'il savait déjà.

Quand les goélands s'étaient envolés, la fille était presque tombée dans ses bras tant elle avait sursauté. Il l'avait retenue. Au moment où sa main avait quitté l'épaule de la fille, il avait senti une réaction au cœur de son pantalon, vague et brève. Il se demanda pourquoi cela ne lui était pas plutôt arrivé auparavant sur la passerelle, quand la fille s'était appuyée sur lui pendant de longues minutes. Il s'approcha de la voiture, ouvrit la portière pour la fille et s'installa derrière le volant. Normalement, dans un roman, il ne parviendrait pas à démarrer, compte tenu de tout ce qui s'était produit depuis qu'il avait pris cette fille sur le pouce. Il y avait en plus le présage des oiseaux. « C'est là que je vais voir si je suis dans un livre ou dans la réalité », pensa-t-il en tournant la clé.

La voiture démarra tout de suite. Il vit que la fille aussi avait craint le pire et était soulagée. Ils quittèrent le stationnement. Machinalement, il prit la bretelle d'autoroute qui contournait Québec par le nord, celle qui menait à Montréal. La fille le regarda. « Tu vas où, comme ça ? »

« Ben, à la rue Saint-Jean… »

« C'est à celle de Québec que je va, pas à celle de Montréal. C'est à gauche qu'il fallait aller, en longeant le fleuve. »

Elle se demanda s'il l'avait fait exprès, si cette peur

diffuse qu'elle ressentait jusque-là avait enfin trouvé une preuve claire qu'elle n'arriverait jamais à la rue Saint-Jean. Il plaida l'habitude, un chemin automatique pour entrer dans Québec par la 40. Elle décida de le croire. Elle n'avait pas le choix, elle ne pouvait tout de même pas ouvrir sa portière et s'éjecter au milieu de l'autoroute. Ils n'étaient pas dans un film américain.

La radio jouait maintenant des chansons tristes des années cinquante et soixante. *Crying over You,* se lamentait la voix incroyablement haute de Roy Orbison, dans un crescendo déchirant martelé par une percussion funèbre et quasi militaire. Il avait souvent été frappé par le pessimisme de cette époque, en Amérique surtout, où l'on ne chantait que des peines d'amour sur des accords en mineur. Grâce à Dieu, du fond de leurs villes pluvieuses et encrassées par le charbon, les Britanniques avaient balayé cette tristesse et nous avaient enfin donné des accords majeurs et des paroles enjouées. Ils avaient même sauvé Roy Orbison de ses lamentations, de ses lunettes noires et de ses chemises sombres, et avaient réussi à lui faire avouer, aux côtés de George Harrison, qu'il était « *so tired of feelin' lonely* ». Puis Roy était mort, libéré. Un simple graphique des accords majeurs et mineurs, s'était dit Marc-André, en dirait plus long sur les changements d'humeur dans le siècle que toutes les analyses sociologiques. 1959 : soixante-huit pour cent du palmarès fait de chansons en mode mineur. 1966 : soixante-douze pour cent en mode majeur.

La radio avait enchaîné avec *Blue Bayou.* La tristesse d'Orbison imprégnait maintenant les sièges de la voiture, le tableau de bord, le volant, les essuie-glaces que Marc-André avait dû remettre en marche à cause d'une nouvelle ondée. Combien de voitures sur des routes désertes d'Amérique s'étaient lancées d'elles-mêmes sur un sycomore ou un chêne parce que Roy Orbison et le battement lancinant des essuie-glaces s'étaient conjugués au mauvais moment? Il faillit changer le poste tant la tristesse était étouffante, mais la fille semblait bercer quelque douleur intérieure avec cette voix. Quand ils arrivèrent au-dessus de Giffard, le regard de la fille se fixa sur l'hôpital, immense et lumineux dans la nuit. La voix de Roy Orbison parut s'insinuer dans des coins encore plus sombres de sa mémoire et Marc-André la vit triturer ses mains par nervosité.

« Mon frère est enfermé là », dit la fille d'un ton presque éteint. Elle avait une affection particulière pour ce frère. C'était elle qui le défendait quand on se moquait de sa maladie. Son frère comprenait tout plus lentement que les autres, comme s'il avait besoin de tourner les choses à l'intérieur d'une logique différente avant de réagir. Il était aussi primaire qu'un animal. Comme un chien, il avait fallu l'entraîner à ne pas uriner partout dans la maison chaque fois qu'il en avait envie. Il mangeait quand il avait faim au lieu d'attendre les repas. Il s'arrêtait de travailler tout à coup en plein milieu de la journée, mais on le trouvait endormi dans la grange le lendemain parce qu'il s'était levé à trois heures du matin pour terminer l'ouvrage. Les vaches avaient appris à le reconnaître et ne bronchaient pas s'il les trayait en pleine nuit, sans allumer la lumière. Elles ne produisaient jamais autant que lorsque le frère caressait de sa main rugueuse leurs pis dans le noir et buvait une grande rasade de bon lait chaud avant de commencer. C'était la même chose pour les poules, qui ne s'offusquaient pas quand il s'assoyait à côté d'elles pour les voir pondre, levant leur derrière au moment critique pour sentir l'œuf chaud tomber dans sa main. Les œufs qu'il recueillait ainsi étaient plus gros, plus savoureux que tous les autres, sans que personne ne sache pourquoi. Il mangeait toujours les trois premiers œufs de la journée, crus, roulant comme un œnologue le jaune dans sa bouche pendant de longues secondes, puis faisait ses commentaires aux poules sur le petit quelque chose qu'elles devraient changer à la prochaine ponte. Une dame venait chaque samedi de Sillery pour acheter les œufs cueillis à la main par Sébastien, les payant quatre fois plus cher que les autres.

Quand les enfants se moquaient de son frère, la fille frappait d'abord le coupable, puis lui expliquait calmement que son frère était à mi-chemin entre les animaux et les humains et que lui seul savait comprendre les deux mondes. Puisqu'on ne riait ni d'elle, n'est-ce pas, ni des poules ni des vaches, il n'y avait aucune raison de rire de ce qui était entre les deux, au contraire. Il fallait voir en Sébastien une sorte d'ambassadeur, un chaman qui pouvait communiquer avec l'autre monde. Il fallait lui rendre hommage au lieu de le considérer comme un débile.

Une nuit, elle avait trouvé son frère en plein champ, fixant la lune. Il pleurait. « A' va s'en aller, la lune, se lamentait-il, a' va s'en aller, je le sais ! Faut l'empêcher ! » Et dix minutes plus tard, la lune avait commencé à disparaître. Sébastien courait partout, paniqué. « I' faut peser sur le bouton, i' faut trouver le bouton pour rallumer la lune ! » Elle avait essayé de le rassurer, lui disant que ce n'était qu'une éclipse, que la lune reviendrait dans une demi-heure, qu'elle était simplement cachée dans l'ombre de la terre, que la lune ne s'allumait pas comme une ampoule avec un commutateur, mais elle avait eu beaucoup de mal à le calmer. Elle s'était demandé surtout comment il avait fait pour savoir qu'il y aurait une éclipse, lui qui n'écoutait rien de ce que disaient les autres, encore moins le journal ou la télé. Elle avait pris Sébastien dans ses bras et l'avait bercé. Quand la lune avait commencé à ressortir de l'ombre, il s'était mis à danser et à rire. « Tu l'as fait revenir ! Regarde, la lune revient ! »

C'était cela qui avait conduit son frère à l'hôpital, cette façon de s'inquiéter des choses qui changeaient et de penser qu'il ne les reverrait plus. Les dernières années, quand la neige fondait au printemps et que les glaces disparaissaient sur le fleuve, il ne parvenait plus à se souvenir que tout cela reviendrait au mois de décembre suivant. Vers la fin, il ne voulait plus s'endormir parce qu'il avait peur de ne plus se réveiller.

Il faut dire aussi que l'adolescence était arrivée et que le problème de ses hormones devenait un peu embêtant. Quand les seins de sa sœur avaient commencé à poindre, il avait tout de suite été curieux et avait demandé à les toucher. Elle l'avait laissé faire, il était encore petit à l'époque, il n'y avait rien de sexuel dans son intérêt, mais une fascination pour tout ce qui la concernait. Mais ensuite, elle avait refusé qu'il examine aussi son pubis couvert de poils, et quand lui-même lui avait montré en riant sa première érection, elle lui avait dit que c'était comme aller aux toilettes, que c'était quelque chose qu'il devait faire tout seul, sans les autres. Il l'avait regardée, étonné, ne comprenant pas que le plaisir évident de son pénis bandé puisse avoir quoi que ce soit en commun avec l'odeur dégoûtante des toilettes. Le soir où il était entré dans sa chambre alors qu'elle était nue et qu'il avait poussé trop loin la curiosité, au point de se coucher sur elle, elle l'avait frappé très fort pour que le message passe, en plein dans les testicules, pour que cette douleur soit pour toujours associée à tout désir à son sujet. Il n'avait plus été question de sexe entre eux, mais il avait malheureusement reporté son intérêt sur les animaux, jusqu'à ce que son père le prenne en flagrant délit avec une poule, qui mourut peu après d'une hémorragie. C'en était trop, la déception, la honte d'avoir un fils malade, le souci et maintenant les animaux.

Il mena son fils à l'hôpital psychiatrique comme on mène une bête à l'abattoir. Sébastien avait compris qu'il ne reviendrait jamais de ce voyage, comme le savent les animaux. Habillé de ses plus beaux vêtements, son petit sac de toile à la main, il avait regardé sa sœur au moment de partir. Dans ses yeux, il y avait un air de triomphe au-delà de la résignation du bétail promis à la mort, comme s'il avait voulu lui dire : « Tu vois, c'est moi qui ai raison. Tout peut finir. Un jour, tu verras, ce sera la lune qui ne reviendra plus. » Elle n'était jamais allée le voir à l'hôpital.

Elle fut tentée de dire à Marc-André de s'arrêter. Ils n'étaient pas à une folie près dans cette journée qui lui paraissait si longue. Il n'y avait pas de visites le soir dans cet hôpital comme il y en avait dans les hôpitaux qui soignent les maladies physiques. On allait à Robert-Giffard comme à la messe ou au cimetière, le dimanche, bien habillé. Les fous étaient de l'ordre des anges et des défunts, ils appartenaient à un autre monde auquel on ne rendait qu'un hommage symbolique. Même pas de fleurs ou d'oranges, que des conversations vides dans des parloirs pleins d'échos, avec les hurlements des plus malheureux en arrière-plan.

Il leur faudrait escalader le mur si elle voulait voir Sébastien ce soir. Il y aurait peut-être des chiens ou des caméras, pour contrôler les plus dangereux des malades. Marc-André ne serait pas très utile, mais il pourrait prendre des notes pour mettre cela dans un roman un jour. Les écrivains devaient toujours prendre des notes. Peut-être l'observait-il en ce moment même, pensa-t-elle, peut-être consignait-il le moindre de ses gestes dans un carnet dès qu'elle avait le dos tourné. Et cette caméra sur le siège arrière était peut-être allumée, ou tout au moins son microphone, pour enregistrer tout ce qu'elle disait et ainsi faire plus vrai quand il écrirait ses dialogues. Combien de films et de romans étaient de simples collages de documentation glanée dans les rues ? se demanda-t-elle.

Voir Sébastien ou le faire sortir ? Quel sens cela aurait-il d'escalader le mur, d'entrer par une fenêtre et d'aller le retrouver dans sa chambre ? Il ne la reconnaîtrait probablement pas, tant ils devaient le droguer pour ne pas qu'il se laisse aller à ses envies immédiates. Rien ne serait plus triste que de voir Sébastien entouré de castrés chimiques, de dépressifs aux neurones tétanisés par les électrochocs, de trisomiques infantilisés par l'ergothérapie, de schizophrènes qui se balançaient devant les écrans de télévision comme des juifs devant le mur des Lamentations. Elle ne pourrait s'empêcher de prendre Sébastien avec elle et de fuir, mais où ? À Québec, à Montréal, elle pourrait tranquillement attendre que l'effet des médicaments cesse et prendre soin de son frère. Mais après, que faire de cette naïveté des désirs qu'il avait toujours eue ? Comment empêcher que sa franchise si touchante ne bascule de nouveau dans l'inadmissible ? Il n'y avait qu'elle pour savoir le contrôler et elle pensait même pouvoir orienter les besoins sexuels de son frère vers des cibles acceptables. Cela impliquait une surveillance permanente, malheureusement, où elle devrait remplacer de vive voix le petit programme d'interdits qui manquait dans le cerveau de Sébastien. Était-ce cela qu'elle voulait, pensait-elle, était-ce cette mission qu'elle se refusait à remplir qui lui donnait cette sensation permanente de vide ?

Jusqu'ici, la rue Saint-Jean avait été son seul remède. Faire du pouce le samedi, sortir de son île, se saouler dans les bars jusqu'à ne plus se souvenir qui elle était, rencontrer un musicien qui l'emmènerait en tournée, voir Nashville, Memphis, La Nouvelle-Orléans, Chicago, Los Angeles et tous ces endroits mystérieux dont on parlait dans les chansons, Tupelo, Mobile, Texarcana. Sling, le musicien qui l'attendait ce soir au Barbar, ce serait le bon, celui qui lui ferait voir les *Blue Bayous* ingénus de Linda Ronstadt, pas ceux du triste Roy Orbison. Sling, qui à la moindre pause mettait son bras en écharpe dans la courroie de sa bass, ce qui lui avait valu son surnom. Sling, qui s'appelait en réalité Georges, un nom dont il avait honte et qu'elle était la seule à connaître dans la rue Saint-Jean.

Les lumières de l'hôpital disparurent dans la vitre arrière de la voiture. Ils n'iraient pas libérer Sébastien.

Le bouchon pour entrer dans Québec s'étirait jusqu'au boulevard Hamel. Marc-André était habitué aux bouchons de Montréal, mais n'avait jamais pensé qu'un samedi soir à neuf heures il y aurait tant de voitures qui convergeraient vers la vieille ville. Comme beaucoup de Montréalais, il voyait Québec comme une bourgade tranquille, faite d'une banlieue endormie près des ponts et d'un *Disneyland New France* pour touristes au bord du fleuve, avec d'interminables boulevards entre les deux zones. Il n'aimait Québec qu'à l'automne, quand le vent rendait déjà toute promenade pénible et que les touristes avaient déserté les vieux murs. Il profitait alors du silence des rues, il aurait aimé louer une de ces calèches oisives devant le Château Frontenac pour simplement se promener, sans passager, au milieu des rues vides et remplir l'espace de bruits de sabots.

À la radio, on entendait maintenant l'insupportable voix de Mick Jagger dans *Angie*, qui diphtonguait sans fin le A en pleurnichant pour nous faire croire qu'il était du Sud profond, appuyé par les notes insistantes d'une guitare qui était censée nous tirer des larmes. Marc-André fut tenté de changer de poste, mais il se retint devant le plaisir évident de la fille. *Draaa your aaayes, Aïaïngie...* Les lèvres de la fille prononçaient silencieusement les paroles comme si elle avait besoin elle aussi de se faire consoler par Mick Jagger. Marc-André pensa qu'en dehors de ses moments d'agressivité cette fille n'était qu'un puits de douleur. Il fut tout à coup frappé par l'intensité de sa conviction. Il sentait que c'était le genre de choses qu'il fallait savoir dire dans un roman, mais douta de pouvoir le faire. Il faut enlever cette douleur par les mots, pensait-il, pas à une personne seulement comme le ferait un thérapeute, mais à des milliers en même temps, qui liraient mon livre et se sentiraient soudainement mieux.

Il prit sa place dans l'embouteillage, derrière une vieille Tercel rouillée et à côté d'une Chrysler utilitaire dont les passagers le fixaient de leur cabine surélevée. La hauteur leur donnait un air de supériorité et il se dit que le temps serait long s'ils progressaient ensemble à cette vitesse. On pouvait côtoyer des gens pendant une heure dans un embouteillage sans jamais se lier, car il fallait regarder devant soi pour ne pas emboutir le voisin dans les soubresauts incessants du trafic. On pouvait voir l'autre se nettoyer le nez, dandiner la tête au rythme de sa radio, parler avec sa femme sur son cellulaire, se pencher vers l'allume-cigarette, se retourner vers les enfants sur le siège arrière pour les engueuler, repousser une mèche rebelle ou ajouter une couche de rouge à lèvres en rabattant le petit miroir du pare-soleil. Mais il était impoli de faire connaissance, de sourire, de se faire des signes de complicité sur l'ennui du bouchon. Il fallait rester agacé, comme l'exigeait l'embouteillage, et blâmer sans doute l'autre d'être la goutte qui avait fait déborder cette mer intolérable de voitures. Il admirait ce politicien qui avait décidé un jour dans un bouchon de laisser sa voiture là et de ne plus jamais conduire, quoique la chance d'avoir un chauffeur pour faire passer ces petites impatiences ne soit pas donnée à tout le monde.

La fille, elle, était plus directe. Elle avait tiré la langue aux gens de la Chrysler, qui avaient détourné les yeux. « Tu veux-tu mon portrait ?! » Les diphtongues de Mick Jagger l'avaient de toute évidence consolée.

La colonne de voitures avançait au pas de tortue. Les *Mille et Une Nuits*, les *Roccamatio d'Helsinki*, le *Décaméron*, il y avait tant d'histoires inventées pour contrer la peur de la décapitation, du sida, de la peste. Les grands-mères inuits avaient créé des contes pour faire oublier le blizzard et la faim. Lui, ce serait l'ennui d'un embouteillage qu'il allait affronter. « Tu veux que je continue mon histoire, vu qu'il n'y a rien d'autre à faire ? » avait-il demandé à la fille. Il n'y avait pour la bercer que des pauses publicitaires à la radio, qui proposaient des remplacements gratuits de pare-brise, des cours d'anglais et des courgettes en solde. Va pour Aurélie, pensa la fille, ça ne peut pas être pire.

« Donc, Joseph-Ozanny rêve de l'Eldorado.

Arnaud-le-fugace, le voyageur qui a peur des chiens, lui dit que, de l'autre côté des montagnes, il y a la grande église de Santiago et puis, un peu plus loin, le port de La Corogne. Les Galiciens qui habitent cette région sont les plus rudes marins d'Espagne. Ils sont d'aussi bons pêcheurs que les Basques de Bilbao, mais ils parlent une langue qu'on peut comprendre et ils savent séduire les capitaines de Cadix et de Porto. "Il te suffira de te fondre dans la masse des pèlerins sur le chemin de Compostelle, disait Arnaud, et de continuer jusqu'à La Corogne pour t'embarquer sur un galion." De là, il rejoindrait la Nouvelle-Grenade ou Lima ou Veracruz et partirait lui aussi en pleine jungle pour trouver le Roi Doré.

« Et une nuit, Joseph-Ozanny s'en va, laissant sur la table de cuisine le manche cassé d'une bêche, un coquillage que lui a donné Arnaud et un caillou enveloppé dans une feuille de papier doré qu'il a volé chez le curé. Difficile d'être plus clair, lui qui ne sait pas écrire. Il marche avec Arnaud et… » La voiture freina d'un coup sec. Marc-André s'était laissé distraire par son histoire et avait failli emboutir la Tercel rouillée devant lui. Il s'était rattrapé à la dernière fraction de seconde et ne croyait pas avoir vraiment touché la vieille voiture. Le conducteur de la Tercel débarqua, courte barbe grise et cheveux longs, l'air moins agressif que préoccupé par cette nouvelle calamité qui lui tombait dessus, après l'embouteillage, le trajet ennuyeux depuis Montréal, le chevreuil qu'il avait manqué frapper après Trois-Rivières et le silence de sa femme, qui n'avait pas dit un mot depuis le bouchon inaugural de leur voyage sur la Métropolitaine. L'examen du barbu fut symbolique. La dernière chose qu'il semblait vouloir, c'était un constat à l'amiable devant des milliers de badauds qui passaient à trois-kilomètres/heure, avec cet accident minable pour seule distraction. Le barbu s'imaginait mourant, étendu sur l'asphalte, une côte cassée perforant son foie et une autre un poumon, se vidant de son sang devant des milliers d'yeux qui roulaient au ralenti près de lui, hommage benêt de chapelle ardente anticipée qui serait oublié dès que le trafic reprendrait son rythme. Pendant cinq minutes, les gens qui approcheraient dans l'autre sens se demanderaient pourquoi tout le monde dans cette direction respectait les limites de vitesse, pour enfin tomber sur l'accident et comprendre. Cinq minutes, ce serait tout l'effet que son agonie publique aurait sur eux, avant qu'ils ne se laissent progressivement entraîner vers les cent vingt kilomètres-heure des gens qui vont loin.

La Tercel repartit et lui aussi. Ils avaient perdu la Chrysler utilitaire sur leur droite. Elle avait été remplacée par une fausse Porsche, une Honda au profil bas que conduisait un homme aux cheveux blancs ondulés de vagues savantes, montre de luxe au poignet, complet crème, verres fumés aux effets si dépolarisants qu'on se croyait sur l'acide quand on regardait les nuages. Avec lui non plus il ne serait pas permis de se lier.

« Quelque part après La Roche-Chalais, continua Marc-André, Arnaud et Joseph-Ozanny tombent sur des mendiants à qui Arnaud a déjà extorqué de l'argent. C'est là que Joseph découvre l'autre côté d'Arnaud, que celui-ci partage avec ces mendiants. Parmi les pèlerins de Compostelle, il y a des gens qui ne font le trajet que pour quêter de la nourriture et des places à coucher. Ils arborent la coquille eux aussi, mais leur bâton de marcheur sert plus souvent à donner des coups qu'à soulager la fatigue. Ils volent même dans les églises en chemin. Un des amis d'Arnaud a un couvre-livre en ivoire finement taillé caché sous sa tunique. L'artiste y a sculpté une armée incroyablement nombreuse de croisés, si petits et fragiles devant les murs de Jérusalem. Arnaud regarde le couvre-livre, ses yeux se mouillent et il frappe le voleur. "Tu n'as pas honte ! Quelque chose de plus beau que tout ce que tu peux imaginer, et toi tu le portes là, au risque de le casser ! Et pourquoi ? Pour le troquer contre du vin ou les cuisses d'une fille ?" Arnaud frappe, mais il ne voit pas les amis du voleur qui s'approchent et lui brisent une cruche sur la tête. Joseph essaie de s'interposer, mais il est jeté à terre, lui aussi. Les autres lui prennent les deux sols qu'il avait réussi à cacher à son père et cousu à l'intérieur de sa veste. Arnaud saigne, un éclat de cruche lui a entaillé le cou et Joseph ne parvient pas à fermer la blessure, même en appuyant très fort dessus.

« Toute la nuit, Joseph-Ozanny presse un bout de tissu sale sur la plaie d'Arnaud, mais le sang continue à s'écouler. Au matin, le regard d'Arnaud n'est plus qu'une lueur. Le vent se lève et la petite flamme dans ses yeux s'éteint d'un coup. Joseph se rend compte qu'il ne sait pas où il est, ni dans quelle direction trouver Compostelle ou la ferme de son père. »

La fausse Porsche coupa Marc-André, qui dut encore freiner d'urgence. La voie de droite de l'autoroute avait l'air bloquée. Les voitures se rabattaient les unes après les autres sur la gauche, aussi disciplinées qu'une fermeture éclair. Des gyrophares apparurent, puis des fusées éclairantes posées sur l'asphalte. Un camion était arrêté derrière un petit tas de ferraille, qu'il semblait avoir mangé. Un homme était étendu sur la chaussée, livide et secoué de spasmes, entouré de policiers et d'un gros homme à casquette qui pleurait. C'était là que le gros homme aurait eu besoin des seins de la danseuse assise sur ses genoux il y a une heure. Il aurait enfoui son visage entre les courbes si douces et sorti toutes ses larmes et son épuisement et la peine qui le rongeait depuis que sa femme était partie. Il aurait aimé que les chansons western parlent de ce réconfort des seins de danseuse et du monstre de métal qu'il aimait faire zigzaguer entre les moucherons japonais sur l'autoroute, suicidaire et assommé de fatigue, jusqu'à ce qu'il en écrabouille un qui freinerait trop subitement.

Le barbu dans la Tercel faillit faire demi-tour en plein embouteillage, tant cet accident lui parut un mauvais présage. Parmi les autres automobilistes, cinquante-sept pour cent furent horrifiés par l'accident, trente-trois pour cent furent soulagés de la fin du bouchon, huit pour cent firent une prière et deux pour cent n'eurent strictement aucune pensée qui se différenciât du magma habituel. Le flot de voitures reprit de la vitesse, entraîné par les conducteurs qui voulaient compenser le retard. Marc-André se laissa porter par le courant et se retrouva rapidement sur Honoré-Mercier, près de l'Assemblée nationale.

C'était ici qu'il devait laisser la fille. Il se gara devant le Hilton. Chaque fois qu'il avait fait du pouce, il avait accueilli ce moment avec soulagement, la fin de la fausse intimité, des conversations obligées, des souvenirs de jeunesse du chauffeur, des questions indiscrètes. C'était une race étrange d'humains qui prenaient les gens sur le pouce, pour rendre service parfois, mais plus souvent pour avoir un prisonnier qui ne pouvait se dérober à leur faim de compagnie. Des hommes qui partaient seuls pour de longs voyages. On avait créé un mythe du pouceux, on voyait Jack Kerouac parcourir les routes de l'Amérique avec un litre de mauvais vin et des amphétamines pour transcrire toutes ses sensations en une nuit de délire sur un rouleau de papier continu. On avait oublié le conducteur solitaire qui remplit son vide avec une oreille captive.

Il y aurait une pause de quelques secondes, puis un des deux briserait le silence avec un « Bon… ben… », puis la fille le remercierait et ils ne se reverraient jamais plus. Elle irait retrouver son musicien, et lui, il rentrerait à Montréal. Pourquoi suis-je si certain de repartir tout de suite ? pensa Marc-André. Qu'est-ce qui l'empêchait de dormir à Québec, de retourner dans l'île demain et de continuer sa recherche ? Tout ce qu'il savait, c'est qu'il avait envie de filer sur la 40 jusque chez lui et de s'enfermer sans penser.

La fille ouvrit la portière et mit le pied droit sur le trottoir. Elle avait l'air d'hésiter. Elle le regarda un moment dans les yeux, pivota, effleura sa cuisse de la main. « Bon… ben… je vois pas comment je pourrais prendre une bière tranquille sans savoir ce qui va arriver à Joseph-Ozanny, dit la fille. Le show de mon chum commence juste vers onze heures, il arrive souvent à la dernière minute. T'as le temps de me raconter ton histoire si tu veux. Je te dois une bière, non ? »

Marc-André sourit. Schéhérazade venait de gagner quelques heures de sursis.

Ils cherchèrent une place pour garer la voiture, mais tous les espaces autour de la rue Saint-Jean étaient occupés. Il allait se rabattre sur le parking souterrain, quand la fille lui dit d'essayer les abords de la citadelle, qui étaient le plus souvent déserts. Il y avait dans ces cinq ou six petites rues, entre les murs, le Château et la citadelle, une tranquillité qui contrastait avec l'agitation du reste de la ville. Quelques bruits de pas sur les pavés, des silhouettes qui disparaissaient à l'angle d'une rue, des chats, quelques meubles bourgeois dans les fenêtres éclairées des Bed and Breakfast et c'était tout, comme si Jacques Poulin lui-même avait écrit ce quartier.

Ils trouvèrent une place rue Saint-Denis et descendirent vers la zone touristique. Un groupe d'Américains beuglait près de la statue de Champlain. Deux femmes blondes riaient trop fort, libérées par les dry martini qu'elles venaient de boire au bar du Château Frontenac, happy hour deux pour un. Pendant toute la durée de l'apéro, la plus grande avait souri au serveur chaque fois qu'il passait, raide dans sa petite veste rouge. Elle venait de se rendre compte que les poils roux trop longs du bras de son mari couvraient presque le bracelet de sa montre et que cela la dégoûtait. S'il jouait encore avec sa monnaie dans ses poches, elle allait hurler, pensa-t-elle.

Un cracheur de feu posa sa bouteille d'un air las. Sept dollars quarante-cinq dans le chapeau, c'était bien peu pour une soirée de printemps. Depuis que le jongleur maladroit faisait son spectacle à dix mètres de lui, les gens ne s'arrêtaient presque pas. Il fallait rater son numéro pour plaire maintenant, en mettant les gens de votre côté par le rire et la fausse humilité et un soupçon de suspense à la fin qui les ferait se pâmer devant le truc enfin réussi. C'était cela que les gens cherchaient, le ratage gentil, les larmes du concurrent éliminé dans les shows de télé. On ne se passionnait plus pour le petit garçon qui connaissait toutes les réponses sur Tintin, mais pour celui qui savait à peu près dans quel pays était Cancún et avait les plus beaux yeux mouillés quand il quittait l'émission. Je vais avaler mon kérosène, pensa le cracheur, ça va les amuser, et puis vomir sur mes vêtements, et leur mettre le feu sans faire exprès et flamber devant eux. Je serai célèbre, j'aurai ma statue ici, à côté de celle de Champlain, je serai un Jan Palach à la mesure de ceux qui passent et ne me regardent même pas.

Marc-André trouva toujours aussi belle la longue promenade de bois de la terrasse Dufferin. Les lumières de Lévis brillaient de l'autre côté du fleuve.

Les deux traversiers faisaient leur boucle en sens opposé, parfaitement synchronisés, comme si un immense miroir se dressait au milieu du fleuve. La fille pointa son doigt vers l'île d'Orléans et montra la position de sa maison à Marc-André. « Ton Aurélie est venue un jour ici, dit-elle, et a fait exactement le même geste. » Il ne voulut pas la contredire. Les hauteurs, les murs, la citadelle, la terrasse, le Château, rien de tout cela n'était la Nouvelle-France, mais un Québec anglais construit d'abord contre les Américains, puis pour eux. La Nouvelle-France, c'était la ville d'en bas, avec ses ruelles à présent pleines de boutiques et de restaurants, sa place Royale rénovée en décor de cinéma et le magasin de sexe et attrapes dans la côte de la Montagne, ses couilles en spaghetti, ses vibrateurs et ses pipes à eau dans la vitrine. « *Genuine XXX Huron beaver souvenirs.* »

Normalement, sur la terrasse Dufferin, un homme et une femme qui se montrent du doigt de belles choses au loin vont tôt ou tard s'enlacer. Ils marcheront d'un pas très lent vers le magasin de crème glacée et lécheront des cornets en riant. L'homme essuiera sur le menton de la fille une goutte de vanille, tendrement, avec la serviette de papier extra qu'il aura pensé à prendre dans la boîte de métal à droite de la caisse en payant. L'homme admirera sa propre galanterie. Ils longeront les musiciens sur la terrasse en échangeant des commentaires et déposeront chacun un dollar dans un chapeau différent, pour bien marquer leur goût propre.

Marc-André et la fille n'en sont pas là. Ils traversent la rue du Trésor et se dirigent vers la rue Sainte-Famille. Les touristes et les adolescents se déplacent par bandes compactes qui bloquent par moments le trottoir. On dirait qu'ils tiennent encore une invisible corde de garderie, comme s'ils avaient été embrigadés très jeunes dans ce mode de déplacement en public. Les survêtements à capuchon des adolescents, les chandails à nombril nu et les seins moulés des filles, les t-shirts à message des touristes sont tous semblables, comme les vestes fluo de garderie qu'ils portaient en marchant encordés à quatre ans.

À cette heure-ci, il n'y a presque personne au Barbar. Le doorman connaît bien la fille et lui fait un clin d'œil. Le rez-de-chaussée est grand et bien dégagé malgré la pénombre. Ce sera autre chose à minuit, mais on sent quand même une volonté d'espace, appuyée par de fausses mezzanines qui permettent de dominer la foule d'une tête. L'étage est beaucoup plus encombré. Il y a de petites alcôves dans tous les coins et une table de pool au milieu. La lumière est plus tamisée qu'en bas, amenée plus près du sol par des lampes suspendues munies d'abat-jour en vitrail. Une scène est aménagée au fond, avec des amplis et une batterie. La demi-douzaine de clients à l'étage est beaucoup plus jeune que ceux qui traînent en bas. Marc-André se sent mal à l'aise, il est plutôt dans la tranche d'âge du rez-de-chaussée, mais la fille semble avoir ses habitudes en haut, le barman lui envoie un grand geste affectueux de la main. Les bars deviennent de plus en plus comme les cinémas, pense Marc-André, des multiplex avec salles spécialisées et public homogène, les divorcés de quarante ans, salle 4, les cégépiens, salle 8, les rockers, salle 3.

La serveuse apporta à la fille son habituelle margarita, avec un petit verre de shooter à côté offert par la maison. Elle se pencha vers Marc-André pour lui demander ce qu'il prenait, en lui faisant généreusement voir la gouttière à pourboires qu'elle échancrerait de plus en plus au fil de la soirée, quand l'alcool ferait monter les prix de l'hommage à ses seins. Comme d'habitude, Marc-André commanda une Griffon, sans savoir pourquoi. La bière durerait longtemps, c'était son seul avantage. Elle occuperait ses mains et justifierait ses silences. Il n'aimait ni l'odeur ni le goût de la cigarette, mais il enviait la prestance que donnait le petit bout de papier allumé au bout des doigts. Il aurait aimé, lui aussi, pouvoir ne rien dire pendant de longs moments et regarder le vide d'un air pensif, les jambes croisées. Avec une cigarette, on avait l'air d'un philosophe qui s'accordait un moment de détente et de méditation, mais sans, cela faisait paumé solitaire. C'était comme la pêche. S'asseoir seul dans une chaloupe au milieu d'un lac à ne rien faire était carrément bizarre, sauf si l'on avait un fil de nylon et une canne au bout des mains. Combien de poissons hoquetants, de canards tombés sous les balles à l'automne, de poumons cancéreux avaient été sacrifiés pour masquer un simple désir de silence et de solitude?

Marc-André allongea sa gorgée, pour gagner

quelques secondes. La fille semblait heureuse. Elle se sentait chez elle, le groupe arriverait dans une demi-heure, quarante-cinq minutes au plus, et Sling viendrait l'embrasser et boire une bière avec elle avant de brancher sa bass et de vérifier l'accord des cordes et le volume des amplis. Elle serait fière de présenter son chum à Marc-André et fière aussi de la lueur de jalousie qu'elle verrait dans les yeux de Sling. Pendant chaque pause du spectacle, elle le verrait surveiller sa table dans l'obscurité, le bras pendant en écharpe dans la bandoulière de sa guitare. Il était si jaloux, Sling. Il s'imaginait qu'elle faisait à tout le monde ce qu'elle lui avait fait à lui, le premier soir derrière le bar. Il avait souvent envie d'en pleurer et ne comprenait pas pourquoi l'image terrifiante de la fille à genoux devant quelqu'un d'autre le faisait bander, avec la nécessité angoissante d'évacuer tout de suite l'image en se masturbant.

« Y a-tu des scènes de bar dans ton roman ? demanda la fille. Des tavernes ou des auberges ou je sais pas trop comment ils disaient dans l'ancien temps ? »

Il avait vaguement pensé à mettre Joseph-Ozanny dans une auberge, saoul, perdu sans Arnaud, dévoré de désir pour une fille. C'était là que Joseph commettrait la bourde fatale, qu'il apposerait sa croix sur le contrat d'engagement pour Québec plutôt que Caracas, qu'il aurait oublié que les deux sols cousus dans sa veste avaient été volés par les meurtriers d'Arnaud et qu'il devait maintenant payer le vin, la fille et l'oie grasse dont il s'était régalé. Joseph serait paniqué en touchant l'espace déchiré de sa veste, il n'aurait pas compris pourquoi l'homme au chapeau à plume assis au fond de la salle lui faisait porter des pichets de vin. Quand, la tête posée sur la table, il se réveillerait sous les bourrades agacées du patron qui réclamait son dû, il ne saisirait pas non plus pourquoi l'homme au chapeau paierait pour lui, ni pourquoi il l'entraînerait si gentiment dehors en l'aidant à ne pas s'écrouler. L'homme lui achèterait des vêtements neufs pour remplacer sa veste déchirée, et même des souliers en cuir souple. Il se demanderait brièvement si l'homme au chapeau à plume avait les mêmes intentions que monseigneur Bérardet, quand le curé de son village l'avait envoyé à douze ans porter un message à l'évêché. Mais tout semblait innocent pour le moment et Joseph-Ozanny se laissait bercer par le réconfort d'être enfin pris en charge, trois longues semaines après la mort d'Arnaud.

Ce n'est que le lendemain que l'homme parlerait de dettes et se fâcherait, en lui reprochant son peu d'honneur. S'il était bien né et digne de respect, dirait l'homme au chapeau à plume, il serait à la hauteur de leur amitié en cherchant lui aussi au fond de son cœur comment aider son prochain. Des dettes, Joseph-Ozanny en avait contracté envers le patron de l'auberge, le fripier, le cordonnier et le boulanger qui avait accepté de le nourrir ce matin. Lui, Amandin Cadieux, avait assumé ces dettes, par pure bonté, et maintenant Joseph-Ozanny devait à son tour épauler son nouvel ami. C'était la règle entre gens d'honneur, du moins ici à Bordeaux, quelle que soit la coutume au fond des campagnes reculées de l'Angoumois. Et justement, des dettes, il en avait également, Amandin Cadieux, envers un armateur qui préparait pour la semaine prochaine un grand départ de six bateaux pour les îles à sucre des Antilles. Pour chaque marin, chaque colon qu'Amandin recrutait, l'armateur versait un écu, qui servirait à libérer des dettes sa pauvre veuve de mère et ses sept sœurs, forcées de laver à longueur de journée des draps souillés d'hospices, au risque d'attraper d'horribles maladies. Ils étaient frères, désormais, Joseph-Ozanny et lui, et des frères, cela devait s'entraider.

« Tu veux voyager, d'ailleurs, non ? disait Amandin. Je t'ai entendu quand tu parlais avec la fille. Tu la tenais par les hanches, tu lui disais qu'elle devrait t'épouser tout de suite au lieu de te faire payer la nuit. Tu disais que tu serais riche, que tu la couvrirais de poudre d'or comme le cacique de Nouvelle-Grenade qui se jette chaque année dans le lac sacré. Saint-Domingue, mon frère, c'est en Nouvelle-Espagne, c'est l'île où tout a commencé, les galions chargés d'or, les sauvages coiffés de plumes. Regarde, c'est écrit ici, Saint-Domingue, tu n'as qu'à signer ce papier et tu es chez ton cacique doré dans quelques semaines. »

Et Joseph-Ozanny signerait ou plutôt apposerait sa croix à côté de son nom écrit par Amandin Cadieux. Car Joseph-Ozanny ne savait ni lire ni écrire et il en était trop honteux pour l'avouer devant l'homme au chapeau. Il ne comprenait pas cette pudeur, car presque tous les paysans qu'il connaissait étaient analphabètes. Mais ici à Bordeaux, avec cet homme qui semblait à la fois dangereux et réconfortant, il était gêné. Pérorer sur l'Eldorado, Compostelle et la Nouvelle-Grenade, se vanter de tout cet or qui serait bientôt à lui, c'était pour Joseph-Ozanny une chose que seul un lettré ou un aventurier aurait dû faire. Lui n'était qu'un simple paysan perdu, loin de son village. Il regrettait ce soir d'avoir suivi Arnaud et n'avait plus la force de continuer jusqu'à Santiago et La Corogne. Il ne voulait plus qu'une chose, remettre sa vie dans les mains de quelqu'un d'autre et cesser de penser.

Joseph traça une croix tout près des seules lettres qu'il avait appris à reconnaître avec les années. Il regarda, en haut de son nom, celles qui désignaient l'endroit où le bateau allait le déposer et nota que beaucoup de ces lettres se retrouvaient dans le mot Saint-Domingue.

« –ué–ec, Nou–e–e–an–e », épela-t-il dans sa tête en bougeant silencieusement les lèvres.

Marc-André connaissait des morceaux de cette histoire, mais pas assez pour la raconter à la fille. Il en avait griffonné les grandes lignes en style télégraphique dans son calepin, mais c'était tout. « Analphabète, contrat d'engagement truqué — Joseph saoul dans auberge – n'aura pas de quoi payer », pouvait-on lire à la page 17 du calepin, à côté du numéro de téléphone de Geneviève chez son nouveau chum et de la transcription d'un rêve, le quatrième ce mois-là où il se retrouvait dans un train en Suède. Il n'y avait rien sur le chapeau à plume d'Amandin Cadieux, ni sur l'oie que Joseph-Ozanny avait mangée la veille. Depuis l'époque des histoires destinées à sa petite cousine, il n'arrivait plus à raconter. Il savait que s'il tentait de le faire, là, dans ce bar, il serait constamment préoccupé par le visage de la fille, ses signes d'intérêt et d'acquiescement. Il entendrait sa propre voix et en serait agacé. Chaque pause lui pèserait. Il n'y aurait pas de rature possible, pas de touche *delete* qui éliminerait le souvenir d'une erreur. Surtout, l'histoire viendrait de lui. Ce que Marc-André aimait dans le peu d'écriture qu'il avait réussi, c'était l'illusion qu'elle venait de quelqu'un d'autre. Des doigts bougeaient sur un clavier et une histoire apparaissait sur un écran d'ordinateur. C'était comme recevoir un courrier électronique ou télécharger une page Web d'un site inconnu. Quelqu'un, quelque part, qui faisait semblant de ne pas être soi vous envoyait un message. Si le message était ennuyeux ou confus ou ampoulé, c'était de sa faute, pas de la vôtre.

Il y a des écrivains, pensa Marc-André, qui dictent leurs histoires et n'ont pas peur de leur propre voix. Il faut beaucoup s'aimer pour que cela soit possible. La pire chose devait être la cécité, qui ne vous laisse que la voix, enregistrée en plus, avec ce ton nasillard des bandes sonores qui nous semble si étranger. Il faudrait recréer la réverbération du crâne dans les enregistrements, la vibration des mâchoires et des tempes qui changent tellement la voix à l'intérieur de notre tête. Beckett revu par Pirandello revu par un audiologiste, pensa Marc-André. Un homme écoute sa voix sur une bande et se rend compte qu'il n'est pas la personne qu'il croyait, mais pour une bête question de réverbération osseuse.

La serveuse à la gouttière généreuse revint. Marc-André avait enfilé sa bière très vite, sans s'en apercevoir. La serveuse surveillait tous les fonds de verres dans le bar et se précipitait dès que le niveau de liquide atteignait le dernier quart. Marc-André commanda une autre Griffon et un shooter pour la fille.

« Le frère d'Aurélie, demanda-t-elle, est-ce qu'il tue Nicolas Truchon avec sa hache ? »

« Ehhhh, non, je pense que Nicolas est seulement blessé. Il saigne beaucoup, tout le monde est inquiet, mais il va s'en tirer. Antonin Nadeau va être obligé de se sauver dans la forêt pendant un bout de temps… »

« Augustin. »

« Quoi, Augustin ? »

« Augustin Nadeau, pas Antonin. Tu l'avais appelé Augustin, le frère d'Aurélie. Ça lui va mieux comme nom, d'ailleurs. »

« Augustin, Antonin, c'est pas grave ! C'est du pareil au même. En tout cas, il va se cacher jusqu'à ce que les Truchon laissent sa famille tranquille. Joseph-Ozanny va être obligé de céder toute une année de récolte au père Truchon pour rien et Aurélie va accepter de se faire peloter par Nicolas dans la grange. Mais Nicolas n'est pas un monstre, c'est trop facile de dire que les gars riches sont des méchants. Quand Aurélie se laissera faire, mais qu'elle partira à pleurer au moment où il… bon, on se comprend… Nicolas s'arrêtera. Il aura eu ce qu'il voulait, la reddition d'Aurélie et la douceur de son corps, mais il va lui laisser sa virginité, parce que ça lui semble trop énorme et qu'il est à la fois ému et apeuré. »

« T'es un grand romantique, toi ! La virginité des filles, tu penses que c'est sacré ? »

« Ben, mon histoire se passe au XVIIIe siècle, quand même. Je ne sais pas, moi, il me semble que… De toute façon, ce n'est pas un documentaire que j'écris. J'ai le droit d'inventer, si ça ajoute quelque chose à l'histoire. »

« Pour qui ? Tu penses que les filles vont brailler

en lisant ton roman, en se souvenant du jour où elles ont perdu leur cerise ? C'est juste un tour de gars, ton affaire, pour qu'ils s'imaginent le cul d'Aurélie, mais qu'ils se sentent pas trop coupables parce que ton Nicolas est pas allé jusqu'au bout. C'était juste un demi-viol, votre honneur, je vous le jure, presque rien du tout ! C'est comme dans les films où le méchant saute sur la fille et on doit être scandalisé, mais tu vois quand même la robe déchirée et les petites culottes, comme ça t'as le spécial deux pour un, les gars peuvent être en même temps voyeurs *et* moralistes. »

Elle recommençait à tout critiquer, pensa-t-il. Quand il imagina le visage d'Aurélie pour la suite de la scène, il fut étonné de voir celui de la fille. Il rougit et espéra que cela ne se verrait pas dans la pénombre du bar. C'était la fille qui pleurait maintenant dans sa scène romantique, c'étaient ses cuisses qui étaient ouvertes et sa robe relevée sous le poids de Nicolas Truchon, avec les trois couches de jupons épars. Marc-André sentit en même temps un début d'excitation et une envie pressante de pisser. Il s'excusa et souhaita qu'il n'y ait rien de visible dans son pantalon quand il se dirigea vers les toilettes.

À gauche de l'urinoir, il regarda le distributeur de peignes et de condoms, avec le dessin anachronique du petit bonhomme aux cheveux gominés qui souriait. Il se demanda qui pouvait bien acheter ces peignes et combien de fœtus devaient la vie ou l'avortement à ces condoms cheap et passés date achetés dans des toilettes déprimantes. Il lut la publicité de voiture au-dessus de l'urinoir et pensa à l'odeur de pisse et de boules à mites qu'il associerait à sa Pontiac Sunfire s'il obéissait aux injonctions du publicitaire. Comme d'habitude, le séchoir à mains ne fonctionnait pas et il n'y avait ni savon ni serviettes de papier dans les distributeurs. Il marcha sur un mégot, ouvrit la porte et retourna vers la fille.

Un grand gars en veste de cuir était penché vers elle. Leurs mains gauches se touchèrent et il lui sembla voir quelque chose passer entre elles. Le gars s'éloigna à l'approche de Marc-André, avec un demi-sourire sous sa moustache. « C'est Alain, dit la fille, un bon ami. » Dans l'éclairage glauque du bar, des taches de rousseur ressortaient sur les joues et le nez de la fille. Il les trouvait attendrissantes, mais se demanda si la peau de la fille aurait l'odeur grasse et vaguement surette des rousses. Elle avait enlevé sa veste de jeans et Marc-André voyait ses épaules nues soulignées par les débardeurs aux couleurs opposées qu'elle portait l'un sur l'autre. Elle avait des épaules si fragiles, qui ne cadraient pas avec son agressivité. Marc-André suivit la courbe douce et parfaitement symétrique des clavicules jusqu'à la rondeur des épaules et s'imagina en train de les embrasser, ses doigts poussant doucement les bretelles des débardeurs.

« Et après, qu'est-ce qui lui arrive, à Aurélie ? Un vieux dégoûtant avec des moustaches et une cape l'attache sur une voie ferrée ? »

« T'es un peu fatigante ?!? Ça donne vraiment envie de te raconter… »

« Bon, désolée. Nous les filles, on veut pleurer quand on lit. Les romans Harlequin, c'est comme les livres de cul pour les gars, c'est juste que ça vise pas les mêmes liquides, mais on a besoin de la même boîte de kleenex à côté. »

Il s'étonna du sans-gêne de cette fille. Il la connaissait depuis quelques heures seulement, mais il avait l'impression qu'elle pouvait lui raconter n'importe quoi. Il se demanda si elle était aussi ouverte avec tout le monde. Il souhaita secrètement qu'il y ait une complicité particulière entre eux, qu'il soit le seul à faire sortir une partie d'elle qu'elle avait toujours ignorée. Il espérait que ce serait la même chose pour lui. C'était cela, l'amour, et rien d'autre, pensa-t-il, et surtout pas la petite chaleur aux entrailles qui s'apparentait tellement à l'indigestion et à la nervosité. Un ver intestinal.

Avec cette fille, pensa-t-il, il deviendrait un grand conteur. Il serait éloquent et drôle. Quand il se rassoirait demain devant son ordinateur, les mots se bousculeraient à la pointe de ses doigts, la barre clignotante du curseur sur l'écran bougerait à une vitesse folle. Il aimerait tout de suite ce qu'il aurait écrit, il n'aurait pas besoin de tordre en boule et de jeter à l'autre bout du salon les feuilles de papier blanc qu'il gardait à côté de l'ordinateur pour assouvir sa rage d'autocritique.

Et pourtant, le visage de Nicolas Truchon venait à cet instant même de disparaître de la scène de cuissage. On n'était plus au temps de Balzac, on pouvait faire circuler un personnage dans une pièce sans décrire le papier peint et la couleur du tissu sur le deuxième fauteuil à gauche de la fenêtre. On pouvait dire merci au cinéma, qui avait déposé dans la tête de chaque lecteur des centaines de décors précis que les écrivains pouvaient parasiter. Mais perdre le visage de Nicolas, quand même, c'était embêtant.

Son histoire ressemblait à une de ces mauvaises peintures vite faites de lieux touristiques, les Champs-Élysées ou les portes du Vieux-Québec. Pour faire spontané, le peintre gommait les visages et ne se donnait pas la peine de remplir les traits. Cela se voulait générique, existentiel, mais compte tenu des défauts de perspective sur les toits ou sur l'Arc de Triomphe, l'effet final était bêtement paresseux. Il avait parlé une fois avec un de ces peintres pour touristes à un coin de rue, qui lui disait fièrement que son secret était dans la rapidité. « Dix minutes pour trente dollars, c'est rentable, s'était vanté le peintre. Le gars qui prend une heure et qui est obligé de vendre sa toile cent piasses, il va crever de faim. »

C'était quand même difficile de plaider l'effet de style ou la rapidité dans un roman. Il n'était pas nécessaire qu'on voie la tache de naissance en forme de triangle sur la cuisse gauche de Nicolas Truchon. On pouvait réduire Nicolas à son rôle dans l'histoire, l'homme par qui le malheur arrive, celui qui nous rappelle que Joseph-Ozanny sera toujours le pauvre de quelqu'un, peu importe le côté de l'Atlantique où il se trouve, et qu'il faudra attendre des siècles pour que la beauté d'une fille comme Aurélie soit autre chose qu'une incitation au viol. Mais il fallait au moins que

Marc-André sente la réalité de Nicolas, une logique qui puisse relier les points où il apparaissait dans son histoire. Ce n'était que cela, laisser des personnages fictifs se développer une vie propre à partir de quelques points inventés, quitte à se surprendre parfois de ce qu'ils en font.

Une fois, sous la douche, il avait senti Joseph-Ozanny le quitter, physiquement, comme un fantôme qui sortait de son corps en tirant légèrement sur la peau. Heureusement, Joseph était revenu le lendemain, mais Marc-André avait eu peur. Quand il était petit, il s'enfermait pendant des heures dans sa chambre et marchait de long en large en conversant avec des amis imaginaires. Il leur parlait à voix basse et imitait les sons de leurs aventures comme dans les bulles des bandes dessinées, crachant des onomatopées. Ses parents s'inquiétaient, car aucun de leurs nombreux livres de pédagogie n'évoquait l'âge où il fallait dire adieu aux amis imaginaires pour échapper à la schizophrénie. À quatre ans, il avait réussi un dessin incroyablement réaliste d'un camion de pompiers, avec la perspective et tous les minuscules détails de l'équipement des hommes. Ses parents avaient aussitôt soupçonné l'autisme, car il n'était pas très bavard et évitait souvent les adultes. Rien d'anormal, avait déclaré le psychologue, mais toute sa vie, ses parents avaient tenu à l'œil la frontière précise qu'il ne devait pas dépasser sous peine de tomber dans la pathologie. Le terme préféré de ses parents était « borderline ». Derrière chacune de ses réactions se cachait le spectre de la déviance et ses parents patrouillaient sans cesse la frontière comme des policiers américains le long du Rio Grande, hélicoptères et spots braqués dans la nuit sur tout ce qui menaçait d'entrer au paradis. Si la Bible avait été confiée aux Américains plutôt qu'aux Hébreux, pensa-t-il, le serpent ne serait jamais entré dans l'Éden et nous serions tous encore dans la vallée du miel et du lait, à croquer sans danger de la tarte aux pommes à même les branches des arbres. Marc-André ne traversa jamais la frontière que craignaient ses parents, mais il ne leur avait jamais parlé du roman qu'il voulait écrire, car les hélicoptères auraient tout de suite rappliqué.

Il ne pouvait tout de même pas se lever au milieu du bar, marcher de long en large en crachant des onomatopées et demander à ses amis imaginaires de l'aider. Il y avait longtemps que ses amis avaient disparu. Il avait cru que Joseph-Ozanny, Aurélie et Nicolas les remplaceraient, mais le temps des aventures était bel et bien terminé. La seule chose qui n'avait pas changé, c'était la petite histoire qu'il devait se raconter chaque soir pour s'endormir. Malheureusement, celle-ci prenait de plus en plus l'allure d'un film porno. Alors qu'enfant il s'imaginait des cavernes où lui et ses amis gardaient des chevaux pour galoper toute la nuit dans la prairie, les croupes qu'il voyait maintenant dans son demi-sommeil étaient plus féminines, et lui, il était plus souvent derrière que dessus. Cela l'aidait à s'endormir, c'était tout ce qui comptait, cela lui évitait d'attendre toute la nuit la fraction de seconde qui séparerait la veille du sommeil, qui était impossible à vivre parce qu'elle était justement entre les deux et n'existait ni dans la conscience ni dans le rêve. Il lui faudrait faire la même chose au moment de la mort, pensa-t-il, sauf qu'on ne peut pas acquérir des habitudes parce qu'elle n'arrive qu'une fois. Comme les comateux chanceux, il espérait voir le tunnel, lui aussi, et surtout en ressortir pour pouvoir raconter ce qu'il avait vécu. Qu'arrivait-il aux revenants du tunnel au moment de leur vraie mort ? La sérénité de savoir d'avance ce qui allait se produire ou la surprise d'apprendre que la vraie mort ne ressemblait en rien à cette expérience du tunnel qui accompagnait les comas réversibles ? Il avait entendu une fois une histoire horrible sur un dieu méchant qui réveillait les âmes après la mort et leur chuchotait en ricanant devant leur regard béat d'espoir : « On vous a bien eues, il n'y a rien ! ! ! » Puis, tout s'éteignait après un instant de terreur.

C'est la bière, pensa Marc-André, je bois trop vite. Pourtant, son deuxième verre était à peine entamé. Il avait l'alcool triste et agressif, mais il lui en fallait normalement beaucoup plus avant que le méchant ne se mette à sortir. Une fois, il s'était battu sans savoir pourquoi avec un homme qui parlait à Geneviève. C'était dans une fête, l'été, au bord de la piscine chez son cousin. Un homme avait tourné autour de Geneviève toute la soirée. Il n'était pas jaloux, il laissait souvent Geneviève aller boire et danser avec ses amis d'université jusqu'à trois heures du matin quand il devait se lever tôt le lendemain. Mais ce soir-là, quand il avait cherché Geneviève partout dans le party et ne l'avait pas trouvée, pas plus que l'homme qui lui tournait autour depuis des heures, il avait vu rouge. Quelqu'un lui avait dit que Geneviève était dehors et il l'avait trouvée assise sur un capot de voiture avec l'homme, rien de compromettant, mais quand même. Sans avertissement, il avait sauté sur l'homme et, profitant de l'effet de surprise, l'avait tabassé. Le lendemain, il avait croisé le gars, qui avait des ecchymoses plein le visage et le nez cassé. Celui-ci devait se sentir coupable, selon une certaine logique de babouins, car il n'avait pas porté plainte. Pendant qu'il frappait l'homme, Marc-André n'arrêtait pas de répéter « toi, tu paies pour les autres », ce qui l'avait rassuré le lendemain malgré la honte de sa violence inattendue. Il s'était excusé auprès de l'homme, qui avait reculé comme s'il craignait un autre accès de folie. Il s'était demandé pendant quelques jours d'où venait ce réservoir de rage qui avait explosé dans ses poings, puis n'y avait plus repensé.

Il regarda la fille et se rendit compte que cela faisait plusieurs minutes qu'il était perdu dans ses pensées. Elle avait un air bizarre et Marc-André se dit qu'elle s'inquiétait de son absence, comme ses parents l'avaient si souvent fait quand il était jeune. Les pupilles de la fille étaient étrangement petites malgré l'obscurité du bar et Marc-André remarqua que cela mettait en valeur son iris, qui avait des reflets végétaux de feuille et de noisette. C'était quand même miraculeux, pensa-t-il, cette bille de couleur au milieu du corps si terne des humains, comme un plumage d'oiseau caché sous verre, un morceau de viande striée, fragile et lumineuse. C'était de ça qu'on tombait amoureux, pensa-t-il, un iris, une minuscule queue de paon ou d'oiseau de paradis, une corolle d'orchidée en miniature, un chant de merle transformé en petit arc-en-ciel sur un énorme corps de singe décoloré.

La fille le regardait encore comme si c'était un point au milieu de son cerveau qu'elle fixait et non ses yeux. Elle lit dans mes pensées, pensa-t-il, il va falloir que je me surveille. Le regard le gênait et il s'obligea à parler pour sortir de son malaise. « Bon. Joseph est rendu à Bordeaux », dit-il, ennuyé d'avance par son histoire. « Il sait que pour se rendre à Compostelle, la route est encore longue. Il faudra qu'il traverse les landes du sud de la France, puis les Pyrénées par les cols les moins pénibles, dont celui où l'armée de Charlemagne s'est fait massacrer dans la *Chanson de Roland,* le col de Roncevaux. Puis il va falloir contourner les monts Cantabriques jusqu'au bout de la Galice. Il a rencontré un gars qui travaille pour un armateur et qui cherche des hommes pour embarquer aux colonies. Il y a des bateaux qui partent pour les îles à sucre, la Martinique, la Guadeloupe, et aussi pour la Nouvelle-France. Le gars s'apprête à faire le tour des campagnes, mais il sent tout de suite que ce Joseph fatigué et saoul est une proie facile, qu'il pourra lui faire signer un contrat d'engagement sans même avoir à se déplacer. Il paie les dettes de Joseph à l'auberge et le prend sous son aile. »

La fille regardait Marc-André avec une indifférence totale. Il aurait pu lui raconter n'importe quoi, l'annuaire téléphonique, une circulaire de supermarché, les appartements à louer dans le journal du samedi, elle n'aurait pas plus réagi. Il remarqua qu'elle n'avait pas cligné des yeux depuis le début de son histoire, comme si même ses réflexes les plus profonds étaient suspendus. À quoi bon continuer, pensa Marc-André, si je ne raconte plus pour elle ni pour moi ? Fallait-il vraiment rajouter une autre histoire à toutes celles qui avaient déjà été inventées ? Les histoires prenaient si peu de place, pourtant, ce n'était pas comme les vies réelles, qu'il fallait en plus nourrir. On y pensait sérieusement avant de faire un enfant, on anticipait les nuits blanches et le coût des garderies. Mais une histoire, qu'est-ce que cela coûtait ?

Cela ne dépend peut-être pas de nous. Il faut que le personnage pousse et donne des coups de pied, pensa Marc-André, qu'il soit rendu si gros et inconfortable à l'intérieur qu'il n'y ait que deux possibilités, le faire naître ou le tuer. S'il ne faisait pas sa part du travail, s'il ne donnait pas tous les signes selon lesquels il voulait sortir à tout prix, alors Joseph-Ozanny ne méritait pas de voir le jour. Ce n'est pas un droit, cela se mérite, l'existence fictive. Cela dépasse l'auteur, qui n'a rien à se reprocher si son personnage disparaît dans les plis de sa cervelle, sans se matérialiser. Marc-André ressentit une sorte de mépris pour tous ces personnages faibles qui n'ont pas réussi à s'échapper de l'imagination des écrivains. Il pensa à Gilgamesh qui, le premier, s'était taillé une place sur une tablette d'argile vierge et se dit que c'était cela son geste le plus héroïque, sortir d'une tête d'humain. Les descentes aux enfers, les batailles sanglantes, les philtres, les trahisons des dieux, ce n'était rien comparé à ce combat épique : s'arracher au monde instantané et confus de la pensée et s'ancrer dans une page, solide et accessible pour toujours.

S'il fallait choisir, pensa Marc-André, qui méritait de vivre ? Lui ou Joseph-Ozanny ? La fille ou Aurélie Nadeau ? Quand Kerouac s'était suicidé à petit feu, de bouteille en bouteille, pour nous faire rêver à Dean Moriarty, nous y avions peut-être gagné au change. Entre le Dean mythique et l'écrivain saoulon, conservateur et paranoïaque qui cassait la gueule aux pouilleux qui l'approchaient dans les bars de Lowell, le choix n'était-il pas clair ?

La fille posa une main sur la cuisse de Marc-André et une autre sur ses lèvres. La main sur la cuisse remonta lentement, frôla le repli au centre de son pantalon et s'arrêta sur son ventre. Elle saisit son chandail et le tordit en une boule serrée. Ce n'était pas une caresse, mais un geste d'agrippement, comme un noyé qui tentait désespérément de rester à flot. Il faut assommer les noyés, pensa Marc-André, ou se placer derrière eux pour ne pas qu'ils vous entraînent au fond dans leur panique. Il ne comprenait pas le changement brusque dans son comportement, cette façon qu'elle avait de le regarder sans paraître le voir, ce silence inhabituel, sans sarcasme, cette main sur son ventre qui s'accrochait à lui pour éviter de tomber dans une fosse invisible, mais qui semblait la terroriser.

Marc-André balaya le bar des yeux pour chercher

de l'aide. La serveuse était occupée à l'autre bout de la salle et le barman avait le dos tourné. Il vit le moustachu avec la veste de cuir assis sur un tabouret au bar avec un des rares clients et comprit ce qui n'allait pas avec la fille. La main qu'il avait vue glisser dans la sienne tout à l'heure tenait maintenant des pilules, qui passèrent sur le comptoir, furent happées à toute vitesse par la main du client et remplacées par des billets de vingt. Le barman se retourna et murmura quelque chose à l'oreille du moustachu, qui se leva et, avec un haussement d'épaules, se dirigea vers la sortie en renversant son tabouret.

Marc-André se précipita vers l'escalier. Il rattrapa le moustachu dehors au milieu de la foule et le tira par la manche. « Qu'est-ce que tu lui as vendu, à la fille ? » s'entendit-il demander.

« Que c'est que tu me veux, toi ? »

« Je te demande ce que tu as vendu à la fille dans le bar. Elle a pas l'air bien. »

« Ça te regarde-tu, crisse ? T'es-tu son père ? »

L'homme glissa la main dans sa veste et en sortit un manche nacré, pour que Marc-André le voie bien. La foule les pressait de toute part sur le trottoir. Quelques promeneurs avaient remarqué le début d'altercation, qui brisait le flot des passants. Un homme à queue de cheval de l'autre côté de la rue Saint-Jean les fixait, lui aussi, prêt à traverser.

« Les commentaires sur le stock, dit calmement le moustachu, c'est à l'Office de protection des consommateurs qu'il faut les faire, mais le bureau est fermé, juste là, tu reviendras demain. Là, tu vas retourner dans le bar pour t'occuper de ta chum. A'l'en a vu d'autres, inquiète-toi pas. Scrame tout de suite, mon homme, ou ben moi pi Steve de l'autre bord, là, on va te gosser un beau souvenir à touristes dans le ventre. » L'homme remit la main sur le manche nacré dans sa poche et le sortit juste assez pour que Marc-André voie le bouton du cran d'arrêt.

Il retourna dans le bar. Le rez-de-chaussée s'était tranquillement rempli. Les clients étaient plus âgés ici qu'à l'étage, dans la quarantaine pour la plupart. La musique était de type latino et il y avait plus de femmes que d'hommes sur la piste de danse. La plupart des hommes étaient ridicules dans leur déhanchement, sauf un ou deux. Il n'était pas difficile de deviner qui était vraiment sud-américain et qui avait visité deux fois Puerto Plata ou Varadero. Les femmes par ailleurs étaient magnifiques. Une en particulier attira le regard de Marc-André, les courbes de ses hanches soulignées par un pantalon mince et moulant, les cheveux tenus au-dessus de sa tête par des bras dénudés jusqu'à la limite des seins, soulevés par le geste. Aux nymphettes de l'étage les ventres plats et les jolis nombrils, semblait-elle dire, et ici la vraie sensualité, celle des femmes qui savent. Marc-André monta l'escalier, ébloui.

Les yeux fermés, la fille accompagnait en dodelinant de la tête les voix sucrées d'enfants qui dégoulinaient des haut-parleurs, faux rap enrobé de chœurs patriotiques où se mêlaient toutes les couleurs de peau et toutes les illusions de la réussite américaine. « *You can be anything you want.* » Une fois, dans une chaîne de fast-food, il avait eu l'impression de voir l'avenir, avec tous ces obèses qui mangeaient des nourritures d'enfant en écoutant des chansons gospels crachées par des haut-parleurs omniprésents, dedans, dehors, au milieu des camionnettes du stationnement et des tables de pique-nique du faux jardin avec glissoire. Les vieilles chansons catholiques avaient au moins la décence d'afficher leur quétainerie. Il était facile de se blinder contre « le mois de Marie, le mois le plus beau », dont l'arrangement idiot puait la soutane et les drapeaux jaune et blanc du Vatican. Mais ce rock baptiste américain était insidieux, il séduisait d'abord vos pieds, qui se mettaient à battre la mesure, puis votre tête. Tôt ou tard, *Djizusse* allait vous entrer dans le crâne avec les hochements de tête du rythme et vous aussi, sans vous en apercevoir, vous marcheriez vers la Terre promise avec vos rations de sucre et de gras saturés, une casquette de baseball sur la tête et un collant jovialiste sur le bumper.

Marc-André était fatigué. Il ne savait pas s'il fallait qu'il s'inquiète pour la fille. Si le pusher disait vrai, elle était une habituée de ces états d'âme. Ce n'était pas parce qu'elle avait agrippé son chandail qu'elle était en danger. Elle avait l'air heureuse en ce moment, entièrement tournée vers les images à l'intérieur de sa tête. Marc-André, Aurélie, Joseph-Ozanny, tout cela semblait loin, et cet hypothétique chum bassiste aussi. Il n'existait peut-être même pas, ce chum, pensa Marc-André, il n'était qu'un obstacle que cette fille avait mis entre eux, qu'elle pouvait choisir d'utiliser ou non selon son envie.

La porte du bar s'ouvrit. Quatre gars entrèrent. Ils longèrent le mur du fond, comme pour passer le plus loin possible de la table de la fille. Elle leva les yeux et envoya un sourire béat aux quatre musiciens. Son regard se figea sur le petit gros aux cheveux teints qui portait une guitare basse. Ce n'était pas Sling.

On entendait les éclats de voix qui venaient de la minuscule pièce servant de loge aux musiciens. Entre les colonnes de caisses de bière, la fille marchait de long en large et criait. « Comment ça, il reviendra plus ! ? ! Il a décidé de lâcher, comme ça, sans explications ! ? ! » Les gars semblaient gênés, comme s'ils se demandaient eux aussi si cela valait la peine de continuer. Il n'y avait que le nouveau bassiste qui semblait détaché, content d'avoir enfin sa chance.

« Écoute », disait le batteur en sortant ses baguettes de leur étui, « on te dit ce qu'on sait. Sling a rien dit de plus. Il en avait juste assez, il a dit qu'on n'allait nulle part, qu'il en avait son casque de traîner dans les bars miteux à faire des covers de Springsteen, sans cuivres en plus. Il a dit qu'il allait partir vraiment, lui, au lieu de chanter sur des gars qui partent. Ils nous a pris dans ses bras, les trois, et il nous a souhaité bonne chance. »

« Pis moi, il t'a rien dit pour moi ? »

« Ben… non, rien… »

« J'suis supposée faire quoi, moi, là ?! J'ai même pas son adresse, à ce gars-là. On se voyait ici après les shows. »

« Il va t'appeler, aie pas peur. »

« Il a pas mon numéro ! Je voulais pas qu'il m'appelle à la maison, j'avais peur que mon père sache qu'il est musicien. Je voulais attendre qu'on soit prêts à partir pour Los Angeles avant d'en parler. »

« Ouin, ben, c'est pour Vancouver qu'il partait, pas pour la Californie. Écoute, fâche-toi pas, mais il nous a dit qu'il partait rejoindre une ancienne blonde, une fille de Beauport qui est déménagée là-bas et qui l'aurait appelé. »

« C'est pas vrai. Tu mens, mon chien sale », criait la fille en frappant la poitrine du batteur. « On devait partir, maudite marde, on devait partir ensemble. »

Elle se mit à pleurer. Lentement, elle tourna les talons et sortit de la pièce. Quand elle revint vers Marc-André, son maquillage avait laissé de longues traces noires sur ses joues. Elle leva le bras en direction de la serveuse. Une margarita et un shooter apparurent dans une fraction de seconde, avec un bouton de plus de détaché dans l'échancrure.

Les musiciens avaient emboîté le pas à la fille et commençaient à accorder leurs instruments et à régler leurs amplis. Le bar se remplissait petit à petit de jeunes en bandes, tous du même âge, comme l'étaient les quadragénaires du rez-de-chaussée. On aurait dit qu'une machine invisible faisait le tri des styles et des générations dans la rue Saint-Jean, et aiguillait chacun dans le bar qui lui correspondait, aussi précise qu'une calibreuse à fruits. Les regards suffisaient à vous éloigner si vous échappiez à la calibreuse et Marc-André se serait senti obligé de fuir si la fille n'avait pas eu le style qu'il fallait ici.

Les Sizzlers commencèrent subitement et très fort leur premier set, sans dire un mot, avec seulement quatre petits coups de baguettes du batteur en guise d'introduction. Ils étaient bons. Chaque accord, chaque coup de caisse, chaque ligne de basse était martelé avec une précision extrême, coupante, dure, et en même temps aérienne. Ce fut le chanteur qui gâcha tout, avec son micro bas de gamme et la rythmique approximative de sa diction. Il n'y avait que l'arabe qui était mieux fait que l'américain, pensa Marc-André, pour épouser les sinuosités du rock, comme si la voix n'était qu'un instrument parmi d'autres. C'était ce que les rappeurs avaient compris, qui avaient réduit leur musique à cette seule rythmique du phrasé, à laquelle la langue française convenait si mal. Il fallait une langue qui se parlait à l'arrière de la bouche et qui pouvait jouer sur les mille variantes de la déglutition. De toute évidence, le chanteur des Sizzlers n'y comprenait rien.

Marc-André s'ennuyait. La fille semblait s'être calmée et était de nouveau entrée dans une léthargie contemplative, les yeux fermés. « Écoute, dit Marc-André, je pense que j'en ai assez, moi, je vais te laisser ici avec ta gang. » La fille ouvrit les yeux et le regarda encore une fois comme si c'était le centre de son cerveau qu'elle fixait et non son regard.

« Reste… » murmura-t-elle doucement.

« Quoi ? »

« Reste avec moi, s'il te plaît. J'ai peur, j'suis toute seule. Georges est pas venu. Il viendra plus jamais, d'après Michel. » Elle accrocha ses ongles couleur perle à la manche de Marc-André, moins désespérément qu'elle ne l'avait fait auparavant à son ventre, mais il sentait un tremblement.

« Qu'est-ce que t'as pris ? »

« Quoi ? Rien. »

« Ecoute, je t'ai vue avec le gars en coat de cuir et je lui ai même parlé, sur la rue dehors, tout à l'heure. »

Elle avala sa salive tranquillement. Tout semblait de nouveau fonctionner au ralenti en elle. Elle avala d'un trait ce qui lui restait de margarita et leva encore la main vers la serveuse.

« Arrête de boire, c'est pas une bonne idée ! Ça fait trop de mélanges, les pilules, les shooters, le cocktail blanc, là, je sais pas comment tu l'appelles. »

« *Margarita ! Bonita ! Chiquita !* » Elle claquait des doigts en imitant une mauvaise danseuse latino. Il y avait toujours ce moment, pensa Marc-André, où l'alcool entraînait sa propre caricature, où le gars saoul jouait le gars saoul et refermait, en plus mou et plus lourd, le carcan dont les premiers verres l'avaient libéré. Il faudrait inventer un alcool qui soit comme les pilules à libération prolongée, qui garderait constant l'état de légère ébriété qui allait si bien aux vrais alcooliques, qu'on ne voyait jamais saouls.

Après les sarcasmes, pensa Marc-André, il va falloir que je me tape les divagations et le vomi. Il fut tenté de se lever et de planter la fille là. Il marcherait dans Québec la nuit, il écouterait l'écho des rares pas dans les petites rues rebondir sur les murs de pierre, il retournerait sur la terrasse Dufferin pour regarder le fleuve, il imaginerait le bateau de Joseph-Ozanny qui arrivait au loin, il verrait les grandes voiles blanches. Le bateau serait vide. Il n'y aurait même pas d'équipage. Personne ne comprendrait comment ce bateau avait pu trouver l'embouchure du golfe et remonter ainsi le Saint-Laurent sans pilote. Les passagers se seraient volatilisés en pleine mer. On ne trouverait aucune trace de bataille ni d'avarie. La table du capitaine serait mise et le morceau de morue dessalée qui trônerait dans l'assiette cerclée d'or aux armoiries de sa famille serait encore tiède. Le verre de vin serait plein, pas une goutte n'aurait été renversée malgré la houle qui avait agité le bateau au large de l'île d'Anticosti. À Bordeaux, il y aurait des malveillants qui diraient que l'agent de l'armateur, cet étrange Amandin Cadieux, avait fait un pacte avec le diable et que la plume de son chapeau ne venait d'aucune espèce connue d'oiseau.

Toutes les variantes de toutes les histoires étaient possibles, pensa Marc-André, tous les dénouements, et donc aucun. S'il n'y avait pas de logique qui s'imposait et que Joseph pût aussi bien s'évanouir en mer, aller à pied à Compostelle ou se retrouver à labourer la terre à l'île d'Orléans, alors comment décider, lui, Marc-André Nadeau, ce que Joseph devait faire ? Il faudrait écrire un livre qui ne soit que les cent vies possibles que peut avoir un personnage et que chacune paraisse aussi évidente et plausible au lecteur. Cela lui ferait du bien. Lui aussi pourrait vivre cent autres vies, il serait même tenté d'en vivre quelques-unes là, tout de suite, l'une après l'autre. C'était le plus beau cadeau que pouvait faire une histoire, vous donner l'illusion que vous n'êtes plus prisonnier de votre propre vie.

Les Sizzlers avaient enfin réussi à enterrer leur chanteur. La voix n'était plus qu'un bruit de fond parmi d'autres et l'on pouvait maintenant se délecter des coups précis du batteur et des accords tranchants du guitariste. Normalement, c'était dans ce genre d'endroit que se faisait le tri entre ceux qui perceraient et ceux qui finiraient leurs jours dans des mariages italiens, mais on ne savait jamais. Il suffisait qu'une jolie gueule cadre bien dans une vidéo, qu'elle corresponde à la demi-seconde de montage hachuré que des cerveaux surchargés d'ados sauraient remarquer, et l'on pouvait faire une belle carrière. Il suffisait de bien paraître dans cette esthétique de la confusion. Marc-André pensa aux gravures de Rauschenberg, ces images superposées d'une Amérique sale, qui semblaient prises d'une voiture lancée à toute vitesse, puis étalées par un essuie-glace en or sur un pare-brise pluvieux et gommé d'insectes morts. C'était chaotique, mais cela ne bougeait pas tout le temps. Une vidéo de musique, c'était la même confusion que les images de Rauschenberg, mais hachurée dans le temps et comprimée en quatre minutes d'agace-pissette. Le message était clair : tu n'attraperas rien, tout passera trop vite. Les fesses de la danseuse vous sautaient au visage, puis s'enfuyaient. Les voitures, les rues des villes la nuit, la solitude des lofts, les corps collés dans les clubs, tout se sauvait en une fraction de seconde, le malheur urbain comme la beauté des croupes et des pectoraux.

Marc-André n'en pouvait plus. Il prit doucement les épaules de la fille. « Ou bien tu restes toute seule ici, ou bien tu me suis, mais moi je fatigue. Ça me dérangerait un peu de te laisser ici, t'es faite. »

Elle le fixa sans répondre, de ses pupilles perdues et trop petites, voilées par les margaritas. Il prit la veste de jeans de la fille, la posa sur ses épaules et se leva. La fille se laissa mener, docile, indifférente, titubant à peine. Ils traversèrent le rez-de-chaussée latino-divorcé. Il y avait maintenant plus d'hommes que de femmes sur la piste de danse. Au fil des heures, cela empirerait, pour finir au last call par six gars saouls et tristes qu'il faudrait pousser gentiment vers la sortie et à qui il ne resterait plus qu'à étirer la nuit devant des mets chinois bon marché.

La rue Saint-Jean s'était vidée. Des Ontariens à casquette beuglaient au loin. À Montréal, il y aurait pour eux les danses à dix de la rue Sainte-Catherine et les doorman à boucle d'oreille qui savaient tout de suite dans quelle langue démarcher les promeneurs. Mais ici, il n'y avait que le silence des pierres, qui les obligerait à rentrer trop tôt dans leur Bed and Breakfast à cent cinquante dollars et à réveiller tout le monde par leurs rires gras dans des escaliers au tapis moisi et aux planches craquantes.

La fille s'était accrochée au bras de Marc-André comme une amoureuse, mais il savait qu'il n'était qu'une béquille. Elle ne disait rien. Ils passèrent devant la librairie Pantoute. Marc-André s'arrêta et contempla les livres qui dormaient dans la vitrine. Il y avait quelque chose de triste dans leur solitude, comme dans toutes les vitrines la nuit, les robes inutiles, les souliers qui attendaient en silence, bien rangés, la compagnie du lendemain. Marc-André se demanda s'il aurait un jour un livre dans cette vitrine, une photo de lui en quatrième de couverture, une courte notice biographique. « Marc-André Nadeau est né à Montréal en 1966. *Le Chemin de Saint-Jean* est son premier roman. » Ce serait tout. Il ne vendrait pas trente mille exemplaires, il ne serait pas traduit en vingt-sept langues et ne gagnerait pas le prix Médicis. Une part de lui dormirait ici, tout simplement, étalée sur deux cents pages, dans ce silence vitré.

Il sentit le bras de la fille quitter le sien, mais ne tourna pas la tête. Tu rêves en couleur, pensa Marc-André en soupirant. Ton livre ne verra jamais le jour. Le visage de Nicolas Truchon avait disparu, celui d'Aurélie Nadeau avait été remplacé par le visage de la fille. Le bateau qui emmenait Joseph-Ozanny à Québec était vide. Il ne savait plus pourquoi il avait inventé cette histoire. Une variante infantile de la généalogie, se dit-il, qui l'avait conduit à imiter ces vieillards qui courent les presbytères et les archives pour reconstituer leur arbre familial. Il les voyait parfois le dimanche à la bibliothèque municipale, penchés sur de vieux livres, leur peau aussi sèche que les pages qu'ils tournaient avec lenteur, mouillant les coins de leur doigt entre deux quintes de toux. Tout ce qu'il savait de Joseph-Ozanny, c'était un cousin de sa mère qui l'avait trouvé de cette façon. Des noms, des dates, des écritures soignées de curés et de notaires, et parfois quelques documents émouvants, comme l'inventaire des biens de Joseph-Ozanny à sa mort, un coffre sans clé, un bol ébréché. Ou le journal de Marie, la femme de Timothée Nadeau, le trisaïeul de Marc-André, qui était parti en Californie chercher de l'or, mais quinze ans trop tard, et qui n'avait rapporté qu'un perroquet. Un autre Eldorado raté. Ving-sept dates en tout pour résumer une vie, ce journal de Marie, des naissances, des morts, le départ de Timothée, un orage précoce en février, une chute de neige en juin. C'était tout. Quand il avait lu le journal, il avait mis trois jours à s'en remettre. Était-ce Marie qui était anormale de faire tenir une vie entière en vingt-sept phrases, ou lui qui était prétentieux et bavard ? Pour le cousin de sa mère, c'était différent. Il allait bientôt mourir, il était naturel qu'il veuille apprendre le nom de ceux qu'il rejoindrait bientôt. En rencontrant Marie et Timothée et Joseph-Ozanny à l'autre bout du tunnel blanc, le cousin aurait de quoi leur faire la conversation. Il ne reconnaîtrait pas leurs visages, mais saurait poser les bonnes questions, le perroquet, le coffre sans clé et tous ces bateaux inutiles pour l'Eldorado qui faisaient rêver les hommes de sa famille.

Lui, Marc-André, quel or allait-il chercher ? Il n'allait pas mourir demain. Pourquoi alors cet intérêt pour ses ancêtres ? Alléger mes épaules, pensa-t-il, remonter la chaîne des responsabilités familiales jusqu'à ce que je trouve le fauteur d'origine, le Caïn qui avait tué Abel, l'Adam qui avait mangé la pomme ? Chacun portait un peu du malheur de son père, qui portait le malheur du sien, et ainsi de suite jusqu'à l'infini des temps. Cela n'expliquait rien, c'était de l'histoire et de la psychologie, des défaites militaires, une famine, du mépris, une ou deux infidélités. En Amérique, pourtant, comme dans toutes les colonies, la chaîne se brisait trop tôt. On ne pouvait pas remonter jusqu'aux mythes communs de l'humanité parce qu'il y avait cette coupure de l'arrivée au nouveau pays. Nous n'étions plus de là-bas, mais pas vraiment d'ici. Celui qui était venu ici de l'Ancien Monde avait perdu toute filiation avec Ulysse, mais ne pouvait pas non plus se dire enfant de Quetzalcóatl. Il était tout seul dans l'immensité des épinettes naines et des rochers arrondis. C'était cette généalogie tronquée qui était le problème. Il fallait alors qu'il devienne lui-même Ulysse ou Leminkainen, qu'il lui arrive des aventures magiques qui l'enracinent dans les mythes. Alors, nous serions tous absous, pensait Marc-André. La lignée au complet serait libérée de son histoire tronquée. Le malheur deviendrait une légende, et puisque nous étions québécois, ce ne serait pas une légende héroïque, mais une erreur, un baril de poudre qui rebondirait sur un arbre et tuerait tout le monde. Joseph-Ozanny se retrouverait ici parce qu'il ne savait pas lire, qu'il était épuisé à Bordeaux et qu'il avait apposé sa croix sur un contrat d'engagement qui disait « Québec, Nouvelle-

France » et non « Saint-Domingue », comme il le croyait. Il n'aurait pas de poudre d'or, mais de la neige. Pas de serpents ni de malaria, que des arbres à défricher, qui prenaient trente ans à repousser, heureusement, et non une seule nuit moite des tropiques. Ici, on pouvait se reposer entre deux souches, laisser tomber sa hache et s'asseoir sans craindre les scorpions et les tarentules. Rien que de l'ennui et du silence. Joseph-Ozanny en viendrait à aimer cette tranquillité, il noterait au printemps le retour des sons après leurs six mois d'absorption par la neige et trouverait cela doux. Après dix ans, il oublierait son rêve d'or et plongerait la main avec délice dans un sac de froment, faisant fièrement couler les grains entre ses doigts en se disant qu'ils étaient à lui, rien qu'à lui, une chose que son père n'aurait jamais pu dire en Angoumois.

C'était un exorcisme alors, ce roman, pensa Marc-André. Joseph-Ozanny n'était nécessaire à personne d'autre que lui. S'il avait voulu expliquer cela à quelqu'un de sa famille, pour que Joseph lui serve à lui aussi, il passerait pour un fou. C'est dans ma tête qu'il faut qu'il vive, Joseph, pensa Marc-André, pas sur du papier.

Sans qu'il l'ait remarqué, la fille avait continué son chemin. Marc-André détourna les yeux de la vitrine et ne vit plus qu'une rue déserte. Bien fait pour elle, pensa-t-il, cette fille ne m'a apporté que des inquiétudes et des doutes. Elle a tué mon livre. Il se demanda combien de personnes réelles avaient étouffé ainsi des personnages de fiction et s'il y avait des limbes quelque part pour tous ces êtres imaginaires qui n'avaient jamais connu de page imprimée. Une idée de livre, se dit-il, si je pouvais avoir le courage de m'y atteler.

Il décida de chercher quand même la fille. Elle n'était pas dans la rue Saint-Jean. Il remonta la rue Couillard après le coude qui menait au stationnement souterrain. Rien non plus par là. Elle s'était peut-être perdue dans les rues secondaires qui descendaient vers la rue des Remparts. Même de jour, c'était le coin le plus silencieux de la vieille ville. Il n'y avait ni hôtels ni restaurants. C'était le coin préféré de Marc-André, parce qu'on pouvait y faire semblant que Québec était une ville vivante, avec de vrais habitants. Il aimait spécialement le petit café paisible à quelques mètres de la rue Saint-Jean, Chez Temporel, qui semblait protégé du tumulte touristique par son orientation vers les rues calmes. Marc-André s'étonnait de cette frontière abrupte entre les zones fréquentées et leurs abords déserts, pourtant souvent aussi beaux. Il suffisait d'une rue pour passer de l'agitation de milliers de visiteurs au silence absolu des pierres. On aurait dit des fourmis qui suivaient la piste chimique d'autres fourmis et qui étaient incapables de prendre un autre chemin. Il y avait peut-être des tigres à dents de sabres ou des tyrannosaures qui se cachaient dans les ruelles secondaires et dévoraient les promeneurs imprudents. À Los Angeles ou à Washington, à Nairobi ou à Johannesburg, c'était peut-être vrai, un simple écart d'une rue pouvait vous entraîner vers la mort, mais ici à Québec ? Le tourisme de fourmis, c'était une bénédiction, pensa Marc-

André, sinon ceux qui aiment le silence seraient toujours pressés par la foule dans les endroits jolis. Un jour, il y aurait des guides de voyage pour tout, avec le moindre petit bout de terre intéressant répertorié, trois fourchettes, quatre étoiles, petits symboles de panorama et de photo idéale sur des cartes précises au mètre près, queue de gens kodak à la main pour croquer leur cliché à l'endroit exact indiqué. Les gens ne se différencieraient que par l'éditeur de leur guide, les *Futés* contre les *Lonely Planet,* les *Routards* méprisant profondément les *Michelin,* les *Gallimard* de luxe crachant sur les petits *Berlitz* de poche, mais tous au même endroit, incapables de trouver quelque chose de beau qui n'aurait ni son étoile ni sa foule. Tôt ou tard, quelqu'un lancerait une mode de la laideur, pour s'assurer d'être seul à découvrir un nouvel endroit et ne le révéler à personne.

En ce milieu de la nuit, le silence dans la rue Ferland était encore plus impressionnant que d'habitude. Les pas de Marc-André résonnaient sur les pavés et contre les vieux murs. Il arriva dans la rue des Remparts, avec les lumières du bassin Louise en bas et l'éclairage exagéré du marché du vieux port. La fille n'était nulle part. Il remonta vers le parc des Remparts et déboucha sur l'escalier de la porte Prescott. Elle avait peut-être été attirée par le seul endroit vivant qu'on pouvait trouver à cette heure-ci, les abords du Château et la section de la terrasse située devant. Au bout de la longue promenade de bois, où s'étirait l'escalier qui montait à la citadelle, il n'y aurait que les bizarres et les amoureux. Si la fille était là, tant pis pour elle. Il ne se voyait pas aller à la police et dire qu'il avait perdu une fille qu'il avait prise cet après-midi sur le pouce à vingt kilomètres d'ici et qui lui avait demandé de la déposer dans un bar, ce qu'il avait fait. C'était un scénario classique d'histoire policière. Un homme déclarait la disparition d'une femme. Des détails clochaient. On soupçonnait l'homme d'un meurtre. Lentement, les preuves s'accumulaient, jusqu'à la confession en larmes. « Vous dites que vous vous êtes arrêtés aux chutes Montmorency, monsieur Nadeau, au coucher du soleil, et qu'il n'y avait personne. Le préposé au téléphérique vous a vu monter avec la fille, mais pas redescendre. On a trouvé un morceau de bracelet cassé sous une passerelle tout au bord des chutes, monsieur Nadeau. Avez-vous une idée de la façon que le bracelet est arrivé là ? La fille a glissé en courant dans les escaliers, vous dites ? Elle se sauvait de vous ? »

Non, la police n'était pas une bonne idée, même s'il y avait plein de témoins au bar qui l'avaient vu avec la fille dans les dernières heures. On s'embrouille si facilement devant ce genre de questions, il vaut mieux ne jamais avoir à y répondre. Elle devait être curieuse, la vie d'un policier, s'il pouvait répondre, lui, de tous ses gestes, justifier la logique de chaque instant. Non, je n'ai pas d'alibi pour chaque instant de ma vie, votre honneur. La plupart du temps, je ne sais pas pourquoi je fais ce que je fais. Oui, j'ai pensé au meurtre, au viol, à la conduite en état d'ébriété, au vol à l'étalage, à la fraude fiscale, à l'adultère, à l'attentat à la pudeur sur des mineures. Non, je ne me souviens pas de tout, il se pourrait que j'aie fait ces choses au lieu de simplement y penser, vous avez raison.

Trop de bière, pensa Marc-André. Il monta l'escalier et se retrouva sur la terrasse Dufferin. Les dernières âmes perdues de la nuit erraient encore sur la promenade, au pied de la statue de Champlain, le long de la balustrade d'acier. Le fleuve était grandiose. Nous étions peut-être à Québec, une petite ville silencieuse et perdue du nord, nous aussi petits, silencieux et perdus puisque nous étions ici, mais c'était aussi beau que Rio du haut du Corcovado, Manhattan vu du pont de Brooklyn, Istanbul de la rive asiatique du Bosphore. Dans notre modestie, nous étions mieux que tous ces gens des grandes villes, se dit-il, plus forts, parce que rien ne nous faisait croire à notre supériorité par le simple fait d'être où nous étions.

La fille n'était pas sur la terrasse. J'ai fait ce qu'il y avait à faire, se dit Marc-André. Tant pis, je retourne à Montréal. Il traversa la porte cochère du Château, fut tenté un instant d'entrer dans le hall lumineux de l'hôtel, mais continua son chemin jusqu'au silence encore plus profond de la rue du Mont-Carmel. Il traversa le parc des Gouverneurs et monta les petites rues jusqu'à sa voiture. Jamais il ne s'était senti aussi loin de son livre. Il lui semblait maintenant inconcevable qu'il ait pensé créer un autre monde, vivant, compliqué, utile aux insatisfaits de la réalité. En ce moment, il admirait ceux qui ne lisaient pas, qui ne ressentaient jamais le besoin de sortir d'eux-mêmes, d'échapper à l'ennui du métro, à l'angoisse de l'insomnie, qui se contentaient du bruit des images et des voix, et ne s'en sentaient jamais prisonniers. Il fallait un manque pour rechercher le silence des livres, une soif de vie autre que celle qui nous était donnée. Il songea aux images d'une publicité qui l'avait frappé, un homme qui rentrait seul dans une maison remplie d'écrans et de haut-parleurs, avec dans chaque pièce une musique différente et dix images qui remplissaient les murs, des vagues du Pacifique, des palmiers, Humphrey Bogart allumant une cigarette, des femmes nues aux seins siliconés, une soprano finnoise déguisée en Japonaise chantant les malheurs de Cio-Cio-San près d'un cerisier en fleur.

Au bout de la rue Laporte, il décida de bifurquer et de passer par le parc de la citadelle. La vue sur le fleuve était toujours aussi belle, avec les feux des raffineries au loin qui scintillaient dans la nuit. Le parc était vide. L'herbe oscillait doucement avec la brise. La nuit était douce et sans dangers. C'était quand même une grande victoire, ces nuits sans brigands et sans tigres qu'on pouvait se permettre sur quelques îlots tranquilles de la terre. Cela allait contre tous les instincts, on sentait bien des petits bouts incrédules d'ADN en nous se recroqueviller et nous chuchoter que malgré tout, là-bas, cette ombre qui bougeait, cet abîme qui s'ouvrait sous nos pieds…

Marc-André s'arrêta juste à temps. Les fossés de la citadelle surgissaient sans avertissement au milieu de l'herbe et il avait failli tomber dedans. Ils étaient assez profonds pour qu'on se casse une jambe ou des vertèbres, probablement pas pour qu'on se tue, mais il se voyait passer la nuit, couché sur l'asphalte, tordu de douleur. On ne faisait plus de rondes ici, il n'y avait plus d'ennemis. Personne ne l'aurait trouvé avant le petit matin, quand les soldats fonctionnaires du tourisme seraient entrés pointer.

Il redescendit lentement la colline. Il reconnaissait en bas sa voiture, plus longue que les autres et plus pâle. On vous donnait toujours une voiture plus luxueuse que ce que vous souhaitiez dans ces agences de location, pour que vous consommiez plus d'essence et que le plaisir du pilotage automatique et du lecteur de CD avec basses survoltées et six haut-parleurs vous accroche pour toujours aux produits GM. La lune sortit de derrière les nuages, entourée d'une traînée d'étoiles, étonnamment visibles dans le ciel lumineux de la ville. Tout près de sa voiture, couchée sur l'herbe au bord de la rue, Marc-André crut distinguer une forme. Elle ne bougeait pas. Il entendit des pas le long de la rue d'Auteuil. Quelqu'un marchait en longeant les murs.

Marc-André se mit à courir. En un éclair, il avait compris qui était la forme couchée. Il ne prit pas le temps de noter si l'ombre qui longeait les murs s'éloignait ou se rapprochait de sa voiture. Il dévalait la pente gazonnée, hors d'haleine. Il n'était pas sûr de pouvoir s'arrêter en bas, ni de finir sa course sans tomber. Il se souvenait de la griserie de ces courses en descente quand il était petit, le freinage qu'on devait imposer à ses jambes, la tension exercée sur les genoux, l'angle bizarre du corps rejeté vers l'arrière, la joie de la roulade effrénée quand on se laissait finalement aller à la gravité, les taches vertes sur le pantalon qui vous assuraient une engueulade à la maison.

Cette fois, il ne devait pas se laisser rouler, mais atteindre le plus vite possible la forme couchée. Finalement, il y avait des tigres ici comme à Hyderabad. Il cria dans sa course pour effrayer l'ombre ou lui signifier au moins qu'elle n'était pas aussi seule qu'elle pensait. Cela marcha. L'ombre disparut. Un point dans les côtes, le souffle coupé, arquant désespérément son dos pour ne pas percuter sa voiture, il arriva à la forme couchée.

Il avait vu juste, c'était la fille. Elle ronflait tranquillement, enveloppée dans sa veste de jeans, sans se préoccuper de la rosée et du froid qui montaient de l'herbe. Marc-André se mit à rire, sans pouvoir s'arrêter. C'étaient des soubresauts nerveux plutôt que de la joie, mais il y avait aussi du soulagement d'avoir enfin trouvé la fille. Il ouvrit la portière de la voiture, baissa le siège du passager jusqu'en position couchée et la prit délicatement dans ses bras pour la poser sur la banquette. Elle était étonnamment légère. Il s'assura que la veste de jeans couvrait bien les épaules de la fille et essuya doucement des gouttes de rosée sur le côté de son visage. Elle bougea à peine pendant le transfert, elle serra seulement plus fort sa veste contre ses bras. Quand la main de Marc-André toucha le visage de la fille, il eut l'impression que la joue se tendait légèrement vers lui pour chercher une caresse.

Il fit démarrer la voiture et mit le chauffage. La fille frissonnait légèrement. Marc-André alluma le plafonnier. Le visage de la fille était paisible, confiant, comme celui d'un enfant qui sait qu'on veille sur lui.

Quelque chose clochait. Le vent n'aurait pas dû être si froid, ni la végétation sur les rives de cet immense fleuve si chenue. Si c'était l'Orénoque, il y avait de bien étranges saisons sous ces tropiques. Joseph-Ozanny était accoudé au bastingage et cherchait les pirogues et les dauphins dont Arnaud lui avait parlé. Il vit bien quelques dos blancs sortir de l'eau et cracher une écume nauséabonde, mais ce n'était pas ce qu'Arnaud lui avait annoncé, une danse de bienvenue qui amenait les dauphins tout près du navire, le nez luisant sorti de l'eau pour saluer les frères pâles venus d'Europe.

À l'avant du bateau, le fleuve semblait se rétrécir aux abords d'une grand île. Il y avait d'étranges feux follets qui se déplaçaient sur la rive. Le vide de ce pays était impressionnant. Joseph s'était attendu à des jungles pleines de singes, de lianes et de serpents. Arnaud lui avait dit qu'il faudrait résister aux fièvres, aux sarbacanes empoisonnées des Indios, aux crues boueuses qui emportaient tout sur leur chemin, aux jaguars qui repéraient les hamacs dans la nuit au parfum de sueur et d'urine des humains épuisés. Mais ici, Joseph n'avait vu que des rochers arrondis qui se couchaient dans le golfe comme du bétail fatigué. Les seuls chants d'oiseaux étaient des croassements de corbeaux et des appels de goélands. Quelque chose clochait vraiment.

Sur la rive du grand fleuve, près de l'île du rétrécissement, Marc-André et la fille filaient dans un des feux follets qui avaient intrigué Joseph. La nuit était trop noire au centre du fleuve pour qu'ils voient le bateau. On avait relâché les voiles pour réduire la vitesse, car ce fleuve était traître et rempli de hauts-fonds. Marc-André sentait un regard posé au loin sur lui, mais tellement plein d'incompréhension qu'il l'atteignait à peine. En prenant le pont de l'île, il eut vaguement l'impression de voir une tache blanche flotter sur le fleuve en dessous de lui. La tache parut s'éloigner vers l'amont, puis s'effaça complètement dans la nuit.

La route était déserte. Marc-André se dirigea vers l'endroit où il avait embarqué la fille, sur la rive sud de l'île. Il se rendit compte qu'il ne savait pas où elle habitait. Il ne pouvait pas la laisser au bord de la route, seule en pleine nuit, là où il l'avait prise. Il se souvenait d'une croix de chemin. Il la chercha dans les phares de la voiture, balayant l'horizon dans toutes les directions possibles en faisant lentement tourner la voiture sur elle-même. Attention aux fossés, pensa Marc-André, à cette heure-ci, tu ne pourras pas aller frapper à la porte d'une ferme sans te faire tirer dessus.

Il trouva la croix et se gara à côté. La fille dormait toujours. Elle avait l'air si bien qu'il hésitait à la réveiller. Une intimité douce flottait dans la voiture. Il n'avait jamais connu de scène semblable avec Geneviève, qui voulait toujours s'arrêter tôt et pensait à sa douche des heures avant de trouver un motel. Jamais il n'aurait voyagé de nuit avec elle, ni senti un quelconque abandon sur une banquette au fin fond de la campagne.

Marc-André ouvrit le plafonnier et chercha le CD que la fille avait éjecté plus tôt. *Tabula rasa*, sa pièce préférée. La musique monta doucement en spirales qui se défaisaient à mesure. Les notes formaient une trame noire qui tournait sur elle-même, humble et grave. Il baissa le volume, pour que la fille se réveille en douceur. Il se dit que l'arrêt allait la tirer du sommeil, que la fin des bercements de la route allait s'enregistrer quelque part dans les zones actives de son cerveau. Mais elle dormait toujours. Il saisit doucement l'épaule de la fille et la secoua. La veste de jeans glissa, révélant la peau nue, mais la fille ne se réveillait toujours pas. Marc-André secoua plus fort et appela doucement dans son oreille. Elle émit un son confus, claqua deux ou trois fois des lèvres, avala sa salive et se lova plus profondément dans le siège de la voiture. Marc-André avait gardé sa bouche tout contre l'oreille de la fille. Elle avait un lobe tout petit qu'il fut tenté de prendre entre ses lèvres. Il poussa son souffle chaud dans l'oreille de la fille et la vit frissonner. Il y a au moins des sensations qui rentrent, pensa-t-il, et il se souvint des longs baisers mouillés de sa première blonde, qui lui donnaient la chair de poule et des décharges presque douloureuses dans le bas du dos. Quand la langue de Marc-André avait pénétré pour la première fois l'oreille de Geneviève, celle-ci s'était levée d'un seul coup pour aller se laver. « Ouache, t'es dégoûtant ! Baveux, chaudasse, avec des bruits de langue amplifiés en plus ! On dirait un chat qui liche son bol de lait ! Eueurrch ! Si jamais tu recommences, je te fais opérer chez le vétérinaire. » Il n'avait plus essayé.

Dans cette voiture au bord d'une route déserte la nuit, c'était tout autre chose. La fille dormait d'un sommeil si profond qu'elle ne réagirait pas. Il se rappela ce roman japonais qu'il avait lu il y a longtemps, où des vieillards payaient pour passer la nuit couchés à côté de jeunes femmes droguées. Des kimonos s'ouvraient sur de petits seins fermes dans les étirements incontrôlés du sommeil. C'était ce qui arrivait maintenant aux épaules de la fille. Elle s'était tournée à demi et la veste avait glissé encore plus bas. Les bretelles de ses débardeurs avaient suivi la veste et la rondeur d'un sein pointait maintenant en dehors du vêtement. Il approcha sa main. Depuis le départ de Geneviève, il n'avait caressé qu'une fois un sein, pour dix dollars dans l'isoloir d'un bar. Il s'était senti si triste de devoir payer pour une chose si simple et douce qu'il n'avait pas terminé ses trois minutes et avait laissé la fille perplexe et nue sur ses talons hauts.

Les doigts de Marc-André tremblaient. La tristesse le submergeait de nouveau. Il ne devait rien à cette fille, pas plus qu'à la danseuse à dix. Elle avait été méfiante, baveuse, emmerdante, distante, colérique pendant toute la journée. Elle n'avait été gentille avec lui au bar que parce que Sling ne s'était pas présenté, qu'il ne se pointerait jamais plus, qu'elle avait trop bu et ingurgité Dieu sait quelle cochonnerie chimique. Elle avait besoin d'aide, c'était tout, n'importe qui aurait fait l'affaire. Elle s'était couchée à côté de sa voiture comme l'aurait fait un chien abandonné, attiré par l'odeur du seul humain compatissant qu'il connaissait. Elle n'était même pas jolie en ce moment, cette fille, avec sa bouche ouverte et son souffle renâclant. Parfois, il regardait dormir Geneviève et se réjouissait de cette laideur de son sommeil. C'était comme une garantie qu'ils vieilliraient ensemble, ce relâchement des joues, cette haleine fétide, ces lèvres ouvertes sur des dents qui allaient disparaître et se retrouver dans un verre sous forme d'imitation en résine.

Le sein, lui, était beau, étonnamment plein, avec une aréole piquée de tavelures. Une aréole brune. Cette fille a déjà été enceinte, pensa Marc-André. Sur les seins de Geneviève, cela avait été la marque indélébile de leur bébé avorté, quatre mois avant qu'elle ne le quitte, persuadée déjà qu'elle ne ferait pas sa vie avec Marc-André et désireuse surtout de ne pas se lier à cet enfer de l'échange d'un enfant toutes les deux semaines qui était la punition des parents séparés. Marc-André eut honte. L'aréole brune était tout ce qu'il pouvait regarder maintenant. Elle cachait une tristesse, une tendresse ratée, des enlacements vides sans bébé et, connaissant cette fille, des hauts cris et des engueulades. Était-ce Sling, le père ? Était-ce pour cela qu'il avait disparu ?

Marc-André se cala sur son siège et balaya des yeux la nuit derrière son pare-brise. Son regard n'arrivait pas à se fixer, à savoir si le rideau noir que sa rétine enregistrait était à cinq mètres ou à l'infini. C'était agaçant, comme les sculptures d'Anish Kapoor qui vous entraînaient dans un intérieur de vase pigmenté et sans repères. Il abaissa sa vitre. Au loin, le vent secouait des branches. Des crapauds coassaient dans des fossés. Cela donnait une épaisseur à l'espace, mais les yeux de Marc-André n'arrivaient toujours pas à se fixer sur un point. Il se sentit encore plus perdu.

Il fit démarrer la voiture et se dit qu'en mouvement, au moins, il n'aurait pas l'impression d'être tombé dans des limbes, en dehors du temps. Les phares de la voiture découpaient le paysage et il se réjouit même quand une mouffette traversa gauchement le faisceau de lumière, le forçant à freiner. Enfin, quelque chose de vivant, pensa-t-il. La fille n'avait pas bronché. Marc-André replia délicatement la veste de jeans sur le sein de la fille. Sa main effleura l'aréole dans un geste d'adieu.

Dans un tournant, il vit le fleuve tout près et s'engagea sur un chemin de gravier qui descendait au bord de l'eau. Des canards s'envolèrent quand il arrêta la voiture, laissant le lecteur de CD allumé. On voyait vers l'est une lueur qui tentait de percer les nuages. La musique s'était presque tue, un souffle à peine perceptible de violons descendants.

Marc-André ouvrit la portière et sortit. Des oiseaux chantaient déjà dans les roseaux au bout de la plage de galets. Il faisait froid, c'était l'heure de fin de nuit où même par les temps de canicule en juillet, l'humidité de l'air faisait frissonner. Il leva le col de sa veste et se mit à marcher. Des vaguelettes brassaient la lisière d'algues qui s'était accumulée le long des cailloux. On aurait dit une respiration de vert, trop rapide pour être tranquille, qui rejoindrait les lignes brunes séchées plus haut sur la plage quand l'onde d'un bateau pousserait l'eau plus fort. Un pluvier s'enfuit avec un cri exagéré. La lueur augmentait lentement dans le ciel, dans des teintes de gris qui devenaient de plus en plus pâles. Vers l'est, les vieux pays étaient debout depuis des heures et avaient travaillé à l'autre bout des mers pour envoyer cette lumière. C'était la sienne, maintenant, quels que soient le froid, les nuages, les cris effrayés des oiseaux qui l'accompagnaient. C'était tout ce qu'il avait.

Il regarda derrière lui vers le haut de la colline, là où la route de gravier rejoignait la lisière des arbres. Il lui sembla voir une robe de femme battre au vent, une robe très longue avec un bout de jupe blanche qui virevoltait en dessous. Il ne voyait pas le visage de la femme, mais il pensa que ce devait être Aurélie. La femme regarda au loin vers le soleil qui se levait, prit ses jupes dans sa main pour ne pas qu'elles l'entravent et pivota doucement. Pendant une fraction de seconde, Marc-André crut que la femme allait lever la main vers lui, puis elle disparut entre les ormes. Il pensa courir, monter la colline et tenter d'arrêter la femme, mais il savait que ce serait peine perdue. Il n'écrirait pas cette histoire.

Une ligne d'orangé et de rose maquillait maintenant le dessous des nuages. Les feuilles étaient à peine sorties sur les arbres, mais on sentait que chaque heure de lumière chaude allait avoir un effet magique. Le printemps ici était un film en accéléré, où les bourgeons, les feuilles, les fleurs se bousculaient à toute vitesse. Les goélands avaient commencé leurs rondes dans le ciel, les plus dignes cherchant les rares poissons qui mouraient encore sur les berges, le reste allant droit aux dépotoirs. À Mexico, à São Paolo, à Manille, c'étaient les même scènes, sauf que les fouilleurs d'ordures étaient des humains.

Les mains dans les poches, Marc-André revint lentement jusqu'à la voiture. La fille avait ouvert les yeux. Elle avait redressé son siège et contemplait le fleuve avec incrédulité. Ses yeux étaient gonflés et rouges. Quand Marc-André parut dans le cadre du pare-brise, ses souliers crissant sur les galets, la fille le fixa comme si elle ne se souvenait pas de lui. Les sourcils froncés, elle semblait faire un énorme effort de compréhension. Sa main monta vers son épaule dénudée et rabattit pudiquement la veste de jeans. Une lueur traversa ses yeux, qui se demandait ce que cet homme debout dehors, cette voiture immobile dans la nuit et son épaule dénudée avaient en commun.

Marc-André se pencha vers la vitre de la fille. Elle parut tout à coup le reconnaître. « Mon écrivain ! » dit-elle, soulagée, en ouvrant sa portière. Il la trouva belle avec ses yeux fripés et la marque du siège de voiture imprimée sur sa joue. « On est où, là ? demanda-t-elle.

On est quand ? J'étais sûre que j'étais morte, avec ta maudite musique ! » Il aurait pu s'être écoulé une semaine depuis son départ de la ferme qu'elle n'aurait pas été surprise. « Tu ne reconnais pas ton île ? dit Marc-André. On n'est pas loin de chez toi, mais je n'ai aucune idée où tu habites. L'endroit où je t'ai prise sur le pouce, c'est juste un peu plus haut, de l'autre côté du tournant. »

« Ouin, il va falloir que je rentre. Chu un peu fatiguée. Mon père va me tuer ! » dit-elle en riant.

Elle fit quelques pas sur la plage et donna un coup de botte dans un galet. Un tourne-pierre s'enfuit le long de l'eau, ses petites pattes battant aussi vite que des ailes de colibri. La fille revint lentement vers Marc-André et passa son bras en dessous du sien. « Je r'viens de loin, je pense, hein, mon écrivain ? ! Tu m'as-tu écrit une belle histoire pendant que je dormais ? J'ai-tu eu des aventures ? J'ai-tu visité des beaux pays ? » Il y avait de la tendresse dans son ironie et son bras pressait le sien avec affection. « On a été au bout du monde ensemble, hein ? ! C'est pour ça que tu m'as amenée ici, pour que je me réveille avec le soleil et ta musique de morts, pis que j'efface de ma tête tout ce qui est arrivé avant ! ? »

Elle lâcha son bras et virevolta sur le bord de l'eau, les manches de sa veste volant autour d'elle comme des pales d'hélicoptère. Elle s'arrêta, prit une respiration très profonde, se tourna vers le soleil rouge qui crevait l'horizon et lança un grand cri animal, douloureux, frondeur, ricanant et désespéré à la fois. Ce qu'il restait de pluviers, de tourne-pierres et de bruants aux alentours s'envola.

« Ouf, mon écrivain, c'est passé ! Tu vas me ramener chez moi, maintenant ! » Elle le poussa dans le dos comme une enfant joyeuse. Juste avant d'entrer dans la voiture, elle le prit par le bras, déposa un baiser lent sur sa joue et murmura : « Merci de t'être occupé de moi. »

Le jour éclairait maintenant les champs d'une lumière rase et grisâtre. La ferme était sur la gauche, dit la fille. Inutile d'aller jusqu'à la maison, son père pouvait aussi bien sortir son fusil de chasse. Non, ce n'était pas si grave, quelques claques et un quart d'heure d'engueulade, elle était habituée. C'était le prix à payer pour pouvoir sortir. Il y avait pire, il aurait pu la jeter à la porte, elle travaillerait au salaire minimum dans un supermarché de Saint-Roch, alors que là, il y avait le grand air et les outardes deux fois par année, c'était déjà ça. Elle passerait le voir si elle était à Montréal, dit-elle, mais elle ne lui demanda pas son adresse.

La portière claqua. Elle lui envoya la main en s'engageant dans l'allée de la ferme. La journée serait plus chaude aujourd'hui. Elle enleva sa veste, la fit voler à ses côtés et donna à ses fesses un mouvement exagéré dans les jeans moulants, un clin d'œil pour lui, pensa-t-il, pour que cela se termine entre eux comme une chanson de Springsteen.

Il n'y avait presque personne à cette heure sur la 40. Marc-André se demanda s'il tiendrait le coup jusqu'à Montréal ou s'il devrait s'arrêter quelque part pour dormir. La route longeait les contreforts des Laurentides. Au-delà de ces montagnes, il n'y avait presque rien. Quelques lacs, des chalets, des arbres de plus en plus petits, puis mille kilomètres d'épinettes et de toundra, quelques cabanes d'Innus, puis le froid, puis des milliers de kilomètres de glace de l'autre côté du pôle jusqu'à Novaïa Zemlïa. C'était inconcevable que des humains habitent là. Le temps aurait dû faire d'eux des êtres précaires et frustes, entièrement préoccupés par leur survie, tétanisés par des éléments si oppressants et meurtriers qu'ils auraient dû chasser de leur esprit tout sentiment autre que la peur. Et pourtant ils étaient ici.

Avec le temps, Joseph-Ozanny oublierait sa solitude et sa peur et les fils de ses fils aussi et leurs filles et sa descendance jusqu'à la treizième génération. Elle ne serait pas bénie, cette descendance, ils n'étaient pas dans ce genre de Livre, qui s'écrivait une fois tous les dix mille ans. Mais ce n'était pas rien, oublier sa solitude.

Marc-André avait oublié la sienne. Il filait sur la 40 dans sa GM de location trop luxueuse, en jouant avec le pilote automatique et le lecteur de CD pour se garder éveillé. Il chantonnait. Il n'avait jamais connu une indifférence si délicieuse. Il n'écrirait jamais son roman. Cela lui était égal.

EXTRAIT DU CATALOGUE

Georges Anglade
Les Blancs de mémoire

Emmanuel Aquin
Désincarnations
Icare
Incarnations
Réincarnations

Denys Arcand
Le Déclin de l'Empire américain
Les Invasions barbares
Jésus de Montréal

Gilles Archambault
À voix basse
Les Choses d'un jour
Comme une panthère noire
Courir à sa perte
De si douces dérives
Enfances lointaines
Les Maladresses du cœur
L'Obsédante Obèse et autres agressions
Le Tendre Matin
Tu ne me dis jamais que je suis belle
Un après-midi de septembre
Un homme plein d'enfance

Michel Bergeron
Siou Song

Nadine Bismuth
Les gens fidèles ne font pas les nouvelles

Lise Bissonnette
Choses crues
Marie suivait l'été
Quittes et Doubles
Un lieu approprié

Neil Bissoondath
À l'aube de lendemains précaires
Arracher les montagnes
Tous ces mondes en elle
Un baume pour le cœur

Marie-Claire Blais
Dans la foudre et la lumière
Soifs
Une saison dans la vie d'Emmanuel

Elena Botchorichvili
Le Tiroir au papillon

Gérard Bouchard
Mistouk

Jean-Pierre Boucher
La vie n'est pas une sinécure
Les vieux ne courent pas les rues

Emmanuelle Brault
Le Tigre et le Loup

Jacques Brault
Agonie

Katerine Caron
Vous devez être heureuse

Louis Caron
Le Canard de bois. Les Fils de la liberté I
La Corne de brume. Les Fils de la liberté II
Le Coup de poing. Les Fils de la liberté III
Il n'y a plus d'Amérique
Racontages

André Carpentier
Gésu Retard
Mendiant de l'infini

Jean-François Chassay
L'Angle mort

Ying Chen
Immobile
Le Champ dans la mer
Querelle d'un squelette avec son double

Ook Chung
Contes butô
L'Expérience interdite

Joan Clarke
La Fille blanche

Matt Cohen
Elizabeth et après

Gil Courtemanche
Un dimanche à la piscine à Kigali

Judith Cowan
La Loi des grands nombres
Plus que la vie même

Esther Croft
Au commencement était le froid
La Mémoire à deux faces
Tu ne mourras pas

Fernand Dansereau
Le Cœur en cavale

France Daigle
Petites difficultés d'existence
Un fin passage

Francine D'Amour
Écrire comme un chat
Presque rien

Louise Desjardins
Cœurs braisés

Germaine Dionne
Le Fils de Jimi

Christiane Duchesne
L'Homme des silences
L'Île au piano

Louisette Dussault
Moman

Gloria Escomel
Les Eaux de la mémoire
Pièges

Jonathan Franzen
Les Corrections

Christiane Frenette
Celle qui marche sur du verre

La Nuit entière
La Terre ferme

Lise Gauvin
Fugitives

Douglas Glover
Le Pas de l'ourse

Louis Hamelin
Le Joueur de flûte
Le Soleil des gouffres

Bruno Hébert
Alice court avec René
C'est pas moi, je le jure !

David Homel
Orages électriques

Suzanne Jacob
Les Aventures de Pomme Douly
L'Obéissance
Parlez-moi d'amour
Wells

Marie Laberge
Adélaïde
Annabelle
La Cérémonie des anges
Florent
Gabrielle
Juillet
Le Poids des ombres
Quelques Adieux

Marie-Sissi Labrèche
Borderline
La Brèche

Robert Lalonde
Des nouvelles d'amis très chers
Le Fou du père
Le Monde sur le flanc de la truite
Monsieur Bovary ou mourir au théâtre
Le Vacarmeur
Où vont les sizerins flammés en été ?
Un jardin entouré de murailles

Monique LaRue
La Démarche du crabe
La Gloire de Cassiodore

Hélène Le Beau
Adieu Agnès
La Chute du corps

Rachel Leclerc
Noces de sable
Ruelle Océan

Louis Lefebvre
Guanahani
Table rase

Alistair MacLeod
La Perte et le Fracas

Francis Magnenot
Italienne

André Major
Histoires de déserteurs
La Vie provisoire

Gilles Marcotte
Une mission difficile
La Vie réelle
La Mort de Maurice Duplessis et autres nouvelles

Yann Martel
Paul en Finlande

Alexis Martin
Bureaux

Alexis Martin
et Jean-Pierre Ronfard
Transit section nº 20 suivi de *Hitler*

Stéfani Meunier
Au bout du chemin

Anne Michaels
La Mémoire en fuite

Michel Michaud
Cœur de cannibale

Marco Micone
Le Figuier enchanté

Hélène Monette
Le Blanc des yeux
Il y a quelqu'un ?
Plaisirs et Paysages kitsch
Un jardin dans la nuit
Unless

Yan Muckle
Le Bout de la terre

Pierre Nepveu
Des mondes peu habités
L'Hiver de Mira Christophe

Michael Ondaatje
Le Fantôme d'Anil

Eduardo Antonio Parra
Terre de personne

Nathalie Petrowski
Il restera toujours le Nebraska
Maman last call

Daniel Poliquin
L'Écureuil noir
L'Homme de paille

Monique Proulx
Les Aurores montréales
Le cœur est un muscle involontaire
Homme invisible à la fenêtre

Rober Racine
Le Cœur de Mattingly
L'Ombre de la Terre

Bruno Ramirez et Paul Tana
La Sarrasine

Yvon Rivard
Le Milieu du jour
Les Silences du corbeau

Louis-Bernard Robitaille
Le Zoo de Berlin

Alain Roy
Le Grand Respir
Quoi mettre dans sa valise ?

Hugo Roy
L'Envie

Kerri Sakamoto
Le Champ électrique

Jacques Savoie
Les Portes tournantes
Le Récif du Prince
Une histoire de cœur

Mauricio Segura
Bouche-à-bouche
Côte-des-Nègres

Gaétan Soucy
L'Acquittement
Catoblépas
Music-Hall !
La petite fille qui aimait trop les allumettes

Marie José Thériault
Les Demoiselles de Numidie
L'Envoleur de chevaux

Pierre-Yves Thiran
Bal à l'abattoir

Guillaume Vigneault
Carnets de naufrage
Chercher le vent

MISE EN PAGES ET TYPOGRAPHIE :
LES ÉDITIONS DU BORÉAL

ACHEVÉ D'IMPRIMER EN FÉVRIER 2004
SUR LES PRESSES DE L'IMPRIMERIE AGMV MARQUIS
À CAP-SAINT-IGNACE (QUÉBEC).